Jan Rathje

# Reichsbürger, Selbstverwalter und Souveränisten

*Vom Wahn des bedrohten Deutschen*

unrast transparent

rechter rand



UNRAST

Bibliografische Information der Deutschen Bibliothek:
Die Deutsche Bibliothek verzeichnet diese Publikation in der Deutschen Nationalbibliografie; detaillierte bibliografische Daten sind im Internet über http:// dnb.ddb.de abrufbar.

Jan Rathje
Reichsbürger, Selbstverwalter und Souveränisten

unrast transparent
rechter rand
Band 17

1. Auflage, Oktober 2017
ISBN 978-3-89771-141-9


Postfach 8020, 48043 Münster – Tel. (0251) 66 62 93
info@unrast-verlag.de – www.unrast-verlag.de
Mitglied in der assoziation Linker Verlage (aLiVe)
Umschlag: Unrast Verlag
Satz: Unrast Verlag
Druck: Interpress

# Inhalt

# Einleitung

»Die Reichsminister drohen mit dem Tod«, lautet der Titel eines *taz*-Artikels aus dem Jahr 2000. Darin wird von einem »Reichskanzler« einer »Kommissarischen Reichsregierung« aus Berlin berichtet, der für 100 Gefolgsleute bei sich zu Hause Reichsregierung spielt. Dabei verschickt er auch schon einmal Haftbefehle und Todesdrohungen. Ein Jahr später ist auch das Satiremagazin *Titanic* beim Reichkanzler zu Besuch – Realsatire pur. Diese Einschätzung herrschte lange Zeit vor.

Zunehmend werden ›Reichsbürger‹ jedoch als ein gesellschaftliches Problem in der Bundesrepublik Deutschland wahrgenommen. Für viele bilden sie ein großes Mysterium. Das Milieu soll sich aus den unterschiedlichsten Gruppen zusammensetzen, die den Staat leugnen und ein Deutsches Reich wiedererrichten wollen. Einige spielen Reichsregierung, andere gründen eigene Staaten auf ihrem Grundstück. Nachdem jedoch ein Mann aus dem Milieu im Oktober 2016 tödliche Schüsse auf einen Polizisten abfeuerte, ändert sich der Blickwinkel. Das Skurrile weicht der Erkenntnis des Gewaltpotenzials. So häufen sich dann auch die Meldungen über Waffen-, Munitions- und Sprengstofffunde. Die Staatsanwaltschaft ermittelt gegen eine Gruppierung wegen des Verdachts auf Bildung einer rechtsterroristischen Vereinigung. Auch die Anzahl der Anhänger*innen dieser Ideologie wird sprunghaft nach oben korrigiert. Waren es im Jahr 2012 offiziell noch wenige hundert, so bezifferten Sicherheitsbehörden die Zahl der dem Milieu zugehörigen Personen im Dezember 2016 bereits auf ca. 5.000, im Januar 2017 auf 10.000 und im Mai 2017 auf 12.600. Dies bezeugt jedoch nicht eine plötzliche Ausweitung des Milieus und seiner Ideologie, sondern vielmehr das Versäumnis, dieses antisemitische und extrem rechte Phänomen der ›Reichsbürger‹ und ›Selbstverwalter‹ ernst zu nehmen. Es dürfte daher nicht verwundern, wenn die Zahlen auch weiterhin ansteigen, da immer mehr Bedienstete lernen, Aktionen von ›Reichsbürgern‹ als solche zu begreifen und nicht als ›Spinnereinen‹ von ›Querulanten‹ abzutun.

Das vorliegende Buch soll einen strukturierten Überblick über das Milieu der ›Reichsbürger‹, ›Selbstverwalter‹ und ›Souveränisten‹, wie auch deren ideologische und historische Ursprünge geben. Dazu werden zunächst diejenigen Gruppierungen vorgestellt, die in der öffentlichen Wahrnehmung derzeit die Bezeichnung ›Reichsbürger‹ repräsentieren.

Der darauffolgende Abschnitt beleuchtet die Praxis, die sich aus den ideologischen Grundlagen des Milieus ableitet. Die aktuellen Entwicklungen zeigen, dass sich über die Jahre auch außerhalb des organisierten extrem rechten Teils des Milieus die Bereitschaft entwickelt hat, auf terroristische Gewalt zurückzugreifen.

Anschließend erfolgt eine kritische Analyse der gängigen Begriffe für dieses Milieu. Ihre Differenzierung täuscht darüber hinweg, dass den Gruppierungen und Einzelpersonen neben geteilten Handlungsformen eine Verschwörungsideologie gemein ist, in der sich die Anhänger*innen als bedrohte Deutsche wahrnehmen.

Der darauffolgende Abschnitt gibt einen kurzen Überblick, warum Menschen allgemein für Verschwörungsideologien empfänglich sind. Anschließend wird dargestellt, welche allgemeinen Ursachen verschwörungsideologisches Denken und Handeln hervorbringen können.

Auf dieser Grundlage wird nachfolgend eine Typologie der einzelnen Gruppierungen des Milieus erstellt. Die von ihnen geteilte Ideologie von der ›Weltverschwörung gegen die Deutschen‹, also der Wahn des bedrohten Deutschen, hat historische Wurzeln in dem antisemitischen Mythos der ›jüdischen Weltverschwörung‹. Dessen Entstehungsgeschichte und die Verbindung mit den mythischen Reichsvorstellungen und der Konstruktion einer deutschen Identität sind Thema des folgenden Abschnitts. Abschließend sollen die bisherigen Erkenntnisse für einen Ausblick genutzt werden, der sich insbesondere mit der breiten Anschlussfähigkeit des antisemitischen und rassistischen Verschwörungswahns des bedrohten Deutschen über das Milieu hinaus auseinandersetzt.

Das Buch ist als allgemeiner Einstieg in das Thema ›Reichsbürger‹ gedacht. Es soll zu allererst die drei wichtigsten Submilieus und ihre Handlungsformen vorstellen. Eine vollständige

Darstellung aller Gruppierungen und Einzelpersonen des Milieus ist – schon aufgrund seiner Heterogenität und heimlichen Liebe zu Spaltungen – weder vorgesehen noch möglich. Der Fokus liegt folglich auf einigen herausragenden Beispielen, die für das Milieu maßgebend gewirkt haben und noch immer wirken. Zur Vertiefung sei auf die Literaturverweise und Webseiten auf den letzten Seiten verwiesen. Letztere sind besser in der Lage, die Dynamik des Milieus abzubilden, als ein Buch es vermag.

# ›Reichsbürger‹, ›Selbstverwalter‹ und ›Souveränisten‹

Unter dem Begriff ›Reichsbürger‹ werden derzeit verschiedene Submilieus versammelt. Innerhalb der klassisch organisierten extremen Rechten in der Bundesrepublik Deutschland gibt es seit ihrer Gründung Menschen, die eine Handlungsfähigkeit des Deutschen Reiches gegen die BRD wiederherstellen wollen und sich als ›Reichsbürger‹ bezeichnen – das prominenteste Beispiel dürfte der verurteilte Antisemit und Holocaustleugner Horst Mahler (siehe *Deutsches Kolleg und ›Reichsbürgerbewegung‹*) darstellen. Begründer der spezifischen Handlungsweisen, die verschiedene Submilieus der ›Reichsbürger‹ und ›Selbstverwalter‹ aufgegriffen, modifiziert und erweitert haben, ist nach bisherigem Erkenntnisstand jedoch der ›Reichskanzler‹ der ›Kommissarischen Reichsregierung‹ Wolfgang Gerhard Günter Ebel.

## Die ›Kommissarische Reichsregierung‹ (KRR) und Abspaltungen

Die Forderung nach der Wiederherstellung eines Deutschen Reiches existiert seit seinen Untergängen. Der Politikwissenschaftler Richard Stöss stellt in einer historisch-programmatischen Darstellung der bundesdeutschen extremen Rechten eine Kampagne zur Wiederherstellung des Deutschen Reiches innerhalb der organisierten bundesdeutschen extremen Rechten ab dem Jahr 1945 fest. Nach Ansicht Stöss' verliert diese Kampagne jedoch im Laufe der 1980er Jahre ihren Stellenwert gegenüber einer ›Überfremdungskampagne‹. Während innerhalb der organisierten extremen Rechten die Wiederherstellung des Deutschen Reiches zunehmend eine untergeordnete Rolle einnimmt (für die NPD vgl. Virchow 2008, 61), nehmen andere Gruppierungen, die zuvor nicht durch eine unmittelbare Verbindung zur klassischen extremen Rechten aufgefallen waren, diese Idee auf und überführen sie in eine besondere Praxis: jene Milieus, die in der breiten Öffentlichkeit mit dem Begriff ›Reichsbürger‹ bezeichnet werden. Anstatt auf die zukünftige Wiederherstellung hinzuarbeiten, gründen sie Reichsregierungen und beginnen mit dem vermeintlichen Regierungshandeln. Zwar wurden innerhalb der klassischen extremen Rechten bereits erste Versuche der Wiederherstellung der Handlungsfähigkeit des Deutschen Reiches unternommen, unter anderem durch Organisationen aus dem Umfeld von Vertriebenenverbänden und Manfred Roeder (siehe *›Reichsverweser‹ Manfred Roeder*), den größten Einfluss auf die Tradition der ›Reichsregierenden‹ übte jedoch die sogenannte *Kommissarische Reichsregierung* (KRR) unter ihrem ›Reichskanzler‹ Wolfgang Gerhard Günter Ebel aus. Unter diesem Titel begann Ebel in den 1980er-Jahren mit eben jener Praxis, welche die reichsideologischen Aktivitäten dieses Milieus kennzeichnet. Auslöser für Ebels Handeln war der sogenannte zweite Reichsbahnerstreik der Berliner S-Bahn, für die Ebel zu diesem Zeitpunkt arbeitete. Die Berliner S-Bahn hatte eine besondere Stellung innerhalb der Beziehungen zwischen Bundesrepublik Deutschland und Deutscher Demokratischer Republik inne. Gemäß alliierter Abkommen, die unmittelbar nach dem Ende des Zweiten Weltkriegs, aber vor der Gründung der deutschen Staaten abgeschlossen worden waren, war die Deutsche Reichsbahn der DDR auch für den S-Bahn-Betrieb in Westberlin zuständig. Während in der Bundesrepublik die Deutsche Reichsbahn in Deutsche Bundesbahn umbenannt wurde, erfolgte dieser Schritt in der DDR nicht. So kam es, dass der Westberliner Wolfgang Ebel bei einem DDR-Staatsunternehmen mit dem Namen Deutsche Reichsbahn beschäftigt war.

Ab dem 17. September 1980 streikten die Westberliner Angestellten gegen eine faktische Lohnsenkung. Am 25. September 1980 endete der Streik schließlich, nachdem sowjetische Soldaten bereits Stellwerke geräumt hatten. Ebel wurde zusammen mit anderen Streikenden entlassen. Dass er beim Reichsbahnerstreik zugegen war, belegen Videoaufnahmen des *Senders Freies Berlin*, dem Ebel ein kurzes Statement zum Streik gegeben hatte. Nach dem Streik strengte er verschiedene Gerichtsverfahren zu seiner finanziellen und gesundheitlichen Absicherung in Westberlin an. In Dennis Siebolds 2003 veröffentlichtem Dokumentarfilm *Der amtierende Reichskanzler* behauptet Ebel, seit dem 23. September 1980 kein Geld mehr erhalten zu haben. Der Streik, die darauffolgende Entlassung und die Gerichtsverfahren waren ein kritischer Einschnitt in seinem Leben. Diese Erfahrungen der juristischen Auseinandersetzung mit der Bundesrepublik Deutschland scheinen sein späteres Amtshandeln geprägt und die Hauptkonfliktlinie für ihn und seine ›Regierung‹ vorgegeben zu haben. So hob er in einem Lebenslauf aus dem Jahr 2007 hervor, seine erste Amtshandlung 1985 habe darin bestanden, die »Amtsgeschäfte des Präsidenten des Kommissarischen Reichsgerichts« zu übernehmen.

Im Zuge des Reichsbahnerstreiks soll es nach Angaben Ebels zu einem herausragenden Ereignis in Ebels Leben gekommen sein. So offenbarten ihm Abgesandte der Alliierten die wahren Verhältnisse auf deutschem Boden: Das Deutsche Reich bestehe weiterhin fort, es befinde sich aber unter Besatzung und verfüge weder über eine politische Führung noch über einen Friedensvertrag mit den Alliierten.

In der Zeit zwischen September 1980 und 1985 muss sich Ebel die Grundlagen seiner Reichsideologie zusammengestellt haben – sofern die von ihm dokumentierten zeitlichen Angaben stimmen. In einer Rede, die er am 15. November 1987 im Berliner Reichstag gehalten haben möchte, beschreibt er den Beginn seiner Karriere:

> »Am 7. Mai 1985, einen lag [sic!] vor Ablauf der 40 Jahre, habe ich, aus berechtigter Sorge um die Einheit und den Erhalt der Nation und aus keinen anderen Gründen, bei den Alliierten schriftlich die Rechtsnachfolge zur Handlungsfähigkeit des Deutschen Reiches beantragt und erhalten. Ich möchte hier ausdrücklich betonen, daß die Vier-Mächte nicht meine Einsetzung, sondern meine Rechtsnachfolge, basierend auf dem Reichsbeamtenrecht, genehmigt haben. Diese Rechtsnachfolge kann auch keine Einsetzung sein, denn ich bin kein Vasall irgendeiner fremden Macht, sondern Deutscher.«[1]

---

1 Ebel, Wolfgang (2002 [2001]): *Rede des Generalbevollmächtigten des Deutschen Reiches Wolfgang Gerhard Günter Ebel auf der 6. deutschlandpolitischen Tagung der Gesellschaft für Deutschlandpolitik im Reichstag in Berlin am 15. November 1987.* Zugriff: 10. März 2017. https://web.archive.org/web/20020214125508/http://www.der-reichskanzler.de:80/rede_nov_87.html.

Seit dem 8. Mai 1985, dem 40. Jahrestag der deutschen Niederlage im Zweiten Weltkrieg, war durch die Amtsübernahme des »dienstverpflichteten« Ebel das Deutsche Reich in dieser Wahrnehmung wieder handlungsfähig geworden. Im Oktober desselben Jahres will er vom stellvertretenden amerikanischen Stadtkommandanten und späteren Botschafter der USA, John C. Kornblum, den Auftrag erhalten haben, Reichsverkehrsminister zu werden. In dieser Funktion sollte er den »Aufbau der Vereinigten Staaten von Europa vom Atlantik, einschließlich des Mittelmeerraums, bis zum Ural« leiten.

Die Bezeichnung seiner schließlich gebildeten ›Kommissarischen Reichsregierung‹ (KRR), in der er neben anderen Posten die Position des ›Reichskanzlers‹ inne hatte, leitete sich aus seinem Legitimationsbedürfnis ab. Im Gegensatz zum extrem rechten Ex-Terroristen Manfred Roeder, der 1975 seinen ›Reichstag zu Flensburg‹ durch seinen Kontakt zu Karl Dönitz zu legitimieren suchte, richtete sich Ebel direkt an die der extremen Rechten verhassten Alliierten. Auch wenn Ebel sich in der zitierten Rede, die aus dem Jahr 1987 stammen soll, als widerspenstiger ›Generalbevollmächtigter‹ präsentiert, der »kein Vasall irgendeiner fremden Macht, sondern Deutscher« sei, akzeptierte er die Vormachstellung der Alliierten. So heißt es etwa in seinem online veröffentlichten Redemanuskript abschließend: »Der Wortlaut der Rede wurde vom US Departement of State Berlin zuvor genehmigt.« Seine Macht speiste sich – zumindest seiner Ansicht nach – aus der Macht der Alliierten. Zur Rückversicherung nutzte Ebel dabei eine besondere Technik: Das Einschreiben-Rückschein-Verfahren. Dazu sandte Ebel der Alliierten Kommandantur in Berlin seine Gesuche per Einschreiben mit Rückschein. Der *Empfang* wird in diesem Verfahren quittiert und der Rückschein geht an die absendende Person zurück. Aus der quittierten Empfangsbestätigung leitete Ebel jedoch die Zustimmung zum eigenen Gesuch ab, das den Inhalt des Briefes bildete. Ein weiterer Trick bestand darin, im Schreiben eine Widerspruchsfrist von 21 Tagen zu gewähren. War diese Frist verstrichen, so galt auch in diesem scheinbaren Legitimationsverfahren das Handeln Ebels und seiner KRR als von den Alliierten genehmigt. Die Regierungsgeschäfte der KRR bestanden vornehmlich darin, juristische Auseinandersetzungen mit der Bundesrepublik zu führen, Lehrgänge in der reichsideologischen Rechtsauffassung Ebels abzuhalten sowie Scheindokumente, wie Ausweise und Führerscheine, und andere ›Reichs‹-Artikel zu verkaufen.

Schon 1987 gerieten die von der KRR angestrengten juristischen Auseinandersetzungen an einen Punkt, an dem Ebel schließlich für schuldunfähig nach Paragraf 20 des Strafgesetzbuchs erklärt wurde. Grund hierfür waren seine Vorstellungen von der Fortexistenz des Deutschen Reiches. Innerhalb der Gemeinschaft, die sich im Laufe der Jahre um, sowie schließlich auch gegen und neben Ebel gebildet hatte, war diese Beurteilung des Zustands des Reichskanzlers von doppelter Bedeutung. So dienten die darauf basierenden Einstellungen von Verfahren gegen Ebel seinen Anhängerinnen und Anhängern als Beweis der politischen Immunität ihres Reichskanzlers, bzw. einer Anerkennung ihrer ›Argumente‹ durch die Bundesrepublik Deutschland. Andere Gruppen nutzten das psychologische Gutachten zur Delegitimierung der Konkurrenz. Sie hatten sich abgespalten, da die Unterordnung Ebels unter die Alliierten ihrem Verständnis von deutscher Souveränität zuwiderlief.

Im Jahr 2013 erlitt Ebel einen Schlaganfall. Am 29. Dezember 2014 starb Wolfgang Gerhard Günter Ebel schließlich im Alter von 75 Jahren. Sein Tod hatte weitere Streitereien um die Erbfolge der Kommissarischen Reichsregierung zur Folge.

Derzeit gibt es ungefähr 40 ›Reichsregierungen‹ und ähnliche Organisationen, deren Betätigungsgrad und Mitgliederzahl sich erheblich unterscheiden. Teilweise gibt es personelle Überschneidungen. In diesem Zusammenhang ist das KRR-Mitglied Uwe Bradler zu nennen. Im Jahr 2003 berichtet das Rechercheprojekt *redok*, dass der ›Ministerialdirektor‹ der Kommissarischen Reichsregierung bei der Wintersonnwendveranstaltung auf Manfred Roeders Reichshof aufgetreten sein soll (vgl. redok 2003). In den Folgejahren wechselte Bradler zu anderen Reichsregierungen, unter anderem auch zur am 8. Mai 2004 in Hannover gegründeten *Exilregierung Deutsches Reich* um den ›Reichskanzler‹ Norbert Schittke. Die Exilregierung drückt bereits in ihrer Namensgebung die Ablehnung einer vermeintlichen Fremdherrschaft aus. Sie versteht sich nicht, wie Ebels Regierung in ihrer längsten Schaffenszeit, als eine kommissarische Regierung, deren Handeln von den Alliierten abhängig ist, sondern als eine im Exil, da das Land unter unrechtmäßiger Besatzung stünde. Während Ebel sich also den Alliierten unterordnete, nimmt das ehemalige Mitglied der Republikaner, Schittke, eine offensivere und offener extrem rechte Rolle ein. Schittke verharmlost den Nationalsozialismus und will zurück in das Kaiserreich. Seine Exilregierung vertritt die Auffassung, dass nicht erst seit Ende des Zweiten Weltkrieges kein Friedensvertrag zwischen ›Deutschland‹ und den Alliierten existiere, sondern bereits seit dem Ende des Ersten. Demnach besteht also das Kaiserreich fort, dessen Handlungsfähigkeit Schittke mit den Seinen wiederherzustellen sucht. Der Wunsch nach Rückkehr zum Kaiserreich ist, wie schon bei den Völkischen der Weimarer Zeit, Ausdruck einer antidemokratischen Haltung. Sie wird bei Norbert Schittke durch die in den letzten Jahren stärker anwachsenden pseudo-feudalistischen Elemente noch einmal verdeutlicht: Schittke hält sich selbst für einen Nachkommen des Hauses Hannover und bezeichnet sich selbst als ›Fürstregent Norbert Rudolf aus der Familie Schittke zu Romkerhall‹. Auf seinem vermeintlichen Staatsgebiet, dem gemeindefreien Gebiet Romkerhall im Harz, adelt der ›Fürstregent‹ seine Anhängerschaft während festlicher Aktivitäten. Auch die ›Exilregierung Deutsches Reich‹ blieb von Abspaltungsprozessen nicht verschont.

## ›Selbstverwalter‹

Die Ideologie der ›Reichsbürger‹ wird partiell auch von anderen Gruppierungen und Einzelpersonen vertreten. Insbesondere von ›Selbstverwaltern‹ und ›Souveränisten‹ (siehe Abschnitt *Diskussion der Begriffe* Reichsbürgerbewegung *und* Reichsideologie). Die konkreten Gruppierungen und Einzelpersonen sind jedoch nicht immer eindeutig voneinander abgrenzbar, da sich ihre Lebensumstände und ihre Ideologeme wandeln. So kann es vorkommen, dass Menschen, die sich zuvor als ›Reichsbürger‹ bezeichneten und einer ›Reichsregierung‹ anhingen, später in eine ›Selbstverwaltung‹ eingetreten sind.

Nach dem derzeitigen Erkenntnisstand soll das Phänomen der ›Selbstverwaltungen‹ zu Beginn der 2010er-Jahre aufgetreten sein. Um eine ›Selbstverwaltung‹ herbeizuführen, nutzen potenzielle ›Selbstverwalter‹ verschiedene pseudojuristische Erklärungen, wie etwa ›Personenstandserklärung‹ oder später auch ›Lebenderklärungen‹. In der Variante von Peter Frühwald und seiner *Republik Freies Deutschland* berufen sich ›Selbstverwalter‹ auf die ›UN Resolution A/Res/56/83‹. In ihr hat die UN-Generalversammlung im Jahr 2001 Regelungen (als Willensbekundungen) festgehalten, die sich mit der »Verantwortlichkeit der Staaten für völkerrechtswidrige Handlungen« befassen. Die Resolution soll klären, wann Staaten für völkerrechtswidrige Handlungen zur Verantwortung zu ziehen seien. Dabei werden in Artikel 9 auch Aussagen über das »Verhalten im Falle der Abwesenheit oder des Ausfalls der staatlichen Stellen« getätigt:

> »Das Verhalten einer Person oder Personengruppe ist als Handlung eines Staates im Sinne des Völkerrechts zu werten, wenn die Person oder Personengruppe im Falle der Abwesenheit oder des Ausfalls der staatlichen Stellen faktisch hoheitliche Befugnisse ausübt und die Umstände die Ausübung dieser Befugnisse erfordern.«

Eigentlich besagt dieser Artikel lediglich, dass ein Staat bei Ausfall staatlicher Stellen für völkerrechtswidrige Handlungen von Akteur*innen und Gruppen zur Verantwortung zu ziehen sei, wenn diese »faktisch hoheitliche Befugnisse« ausüben. ›Selbstverwalter‹ nutzen die Resolution innerhalb ihrer ›Argumentation‹ dann folgendermaßen: Die Bundesrepublik Deutschland sei als Verschwörungsinstrument kein Staat, an seiner statt bestehe ein handlungsunfähiges Deutsches Reich fort. Die Resolution gewährleiste nun, dass sich Menschen in ›staatliche Selbstverwaltung‹ begeben könnten, also als Staat zu gelten hätten, sobald sie vermeintliche hoheitliche Aufgaben wahrnehmen würden. Aus dem Verantwortungsverhältnis wird innerhalb der Scheinargumentation von ›Selbstverwaltern‹ eine Berechtigung. Das Mittel dazu seien im Falle von Peter Frühwalds vermeintlicher Rechtsexpertise ›Personenstandserklärungen‹.

Im Unterschied zur Wiederherstellung der Handlungsfähigkeit eines historischen Deutschen Reiches, welche die organisierten extrem rechten ›Reichsbürger‹ anstreben und die Ebelschen ›Reichsbürger‹ vermeintlich bereits umsetzen, wollen ›Selbstverwalter‹ allgemein zunächst das Individuum handlungsfähig machen. Dies sollen die inzwischen vielfältigen Erklärungen leisten. Einige Varianten weisen inzwischen auch einen esoterischen Einschlag auf. In diesen Fällen müssen die Erklärungen nicht bloß der Bundesrepublik zur Kenntnis übersandt werden, sondern sie beinhalten Bezeugungszeremonien, Daumenabdrücke in roter Tinte, neue Selbstbezeichnungen und Schreibweisen des eigenen Namens (Kleinschreibung, »XXX aus der Familie YYY«). Diese Gruppierungen weisen starke Ähnlichkeiten mit den US-amerikanischen *sovereign citizens* auf. Trystan Stahl und Heiko Homburg sehen darin keinen Zufall (vgl. Stahl/Homburg 2015). Trotz der besonderen historischen Konstellation der USA und der Bundesrepublik Deutschlands werden viele Argumentationen der auch in den USA sehr heterogenen sovereign citizens in Deutschland übernommen.

Besonders ist dabei der über das Milieu hinaus bekannte Code der *BRD GmbH* hervorzuheben. Unter Hinweis auf die *Bundesrepublik Deutschland – Finanzagentur GmbH*, die für Kreditgeschäfte der Bundesrepublik zuständig ist, behaupten ›Selbstverwalter‹, aber auch ›Reichsbürger‹ wie etwa Norbert Schittke, dass die BRD eine Firma sei. Diese Vorstellung findet sich ebenfalls in den USA. Demnach wurden die Vereinigten Staaten ab dem 19. Jahrhundert in eine Firma namens UNITED STATES bzw. UNITED STATES OF AMERICA umgewandelt, woraus sich besondere Handlungen für ›Selbstverwalter‹ ableiten. So ist das Verhältnis zwischen BRD GmbH und dem ›Selbstverwalter‹ ein zivilrechtliches. Die Firma macht also Angebote zur Zahlung von Abgaben, als welche etwa Steuern dann angesehen werden, die abgelehnt werden können. Wenn dann die Belästigungen durch die BRD GmbH zu groß für die ›Selbstverwalter‹ werden, können sie ihrer Ansicht nach selbst Vertragsstrafen vom Vertragspartner einfordern.

Der US-amerikanische Ursprung bestimmter Argumentationen zeigt, dass diese Gruppierungen und Einzelpersonen nicht notwendig ein Deutsches Reich als unmittelbaren Bezugspunkt benötigen. In den USA und Deutschland greift gleichermaßen die Vorstellung, es fänden Verschwörungen gegen das eigene Volk statt. Dabei bietet das Deutsche Reich einen Bezugspunkt für die eigene Organisierung, diesen kann jedoch auch der ›neugegründete‹ Staat, die ›(re)aktivierte Gemeinde‹ oder eine andere ›Selbstverwaltung‹ bieten. Die Gruppe der ›Selbstverwalter‹ fasst demnach auch Gruppierungen, die sich etwa in Österreich oder der Schweiz betätigen. Auch in anderen Staaten werden zunehmend Aktivitäten von ›Selbstverwaltern‹ sichtbar.

Nachfolgend werden einige für Deutschland besondere Beispiele aus dem Milieu der ›Selbstverwalter‹ vorgestellt. Dabei handelt es sich um die prominenten ›Staatsgründungen‹ des *Fürstentums Germania* und des *Königreichs Deutschland*.

### *Fürstentum Germania*

Von Februar bis Mai 2009 kam es für wenige Monate zur Gründung des Wohnprojektes ›Fürstentum Germania‹ im Brandenburgischen Krampfer. Beteiligt waren verschiedene alternative Gruppierungen, unter ihnen auch Anhänger der ›Kommissarischen Reichsregierung‹, des reichsideologischen ›Runden Tisches Berlin‹ und die antisemitischen Verschwörungsideologen Jessie Marsson und Johannes ›Jo‹ Conrad. Zusammen mit Gleichgesinnten hatten sie den Plan, einen eigenen Staat auf dem Gelände des verfallenen Schlosses Krampfer zu errichten.

Nach außen wurde zunächst ein harmloses Image gepflegt. Viele junge Helfer waren von der Idee fasziniert, etwas aufzubauen und neue Lebensweisen auszuprobieren. Sie übernahmen die Renovierungsarbeiten am Schloss, hüteten die Schafe auf dem Gelände und planten die biologische Landwirtschaft. Die reichsideologischen Behauptungen, dass die Bundesrepublik Deutschland eine Firma sei, fanden bei den esoterisch veranlagten Menschen Anklang. In der Folge standen in der Presse die antisemitischen, reichs- und verschwörungsideologischen Aussagen besonders von Marsson und Conrad im Vordergrund.

An Wochenenden kamen große Gruppen von Sympathisierenden aus dem gesamten Bundesgebiet, um das ›Fürstentum‹ zu besuchen. Für die Bewohnenden von Krampfer und ihre Gemeindeverwaltung barg die Mischung aus alternativem Wohnprojekt und reichsideologischer ›Staatsgründung‹ ein hohes Konfliktpotential – auch untereinander. Das Bauamt setze dem Projekt schließlich ein Ende: Das ›Fürstentum‹ war der Überzeugung, als eigener Staat keine Baugenehmigung aus der Bundesrepublik Deutschland einholen zu müssen. Dies führte im Mai 2009 zur polizeilichen Räumung des Geländes (vgl. Feist 2010). Für das Milieu war dieser Misserfolg jedoch ein Lehrstück für zukünftige ›Staatsgründungs‹-Projekte.

### *Königreich Deutschland*

Peter Fitzek ist eine herausragende Person innerhalb des Milieus der ›Selbstverwalter‹. Seine Karriere begann der Koch und Kampfsportler mit einem Ladengeschäft für Esoterikbedarf in Wittenberg. In diesem Bereich ist er auch selbst als Autor tätig. Fitzek gründete mit anderen im Jahr 2009 eine Stiftung und einen Verein namens *NeuDeutschland*, dessen Aufgabe die Wiederherstellung der Handlungsfähigkeit Deutschlands als Staat sei, durch »Schaffung und Umsetzung eines aufsteigenden Volksherrschaftsprinzips (Demokratieprinzip) innerhalb des Vereinsrahmens«. Fitzek grenzte sich in der Auseinandersetzung um einen abgelehnten Eintrag ins Vereinsregister von der Kommissarischen Reichsregierung Ebels ab, da sie keine Alternative böte. Ebenso relativierte er den Anspruch, das Deutsche Reich in den Grenzen von 1937 oder 1918 wiedererrichten zu wollen. Mit Verweis auf den Namen NeuDeutschland gab er vor, die Gründung von etwas Neuem anzustreben. Fitzek berief sich zu diesem Zeitpunkt auf das Ideologem der BRD GmbH und gab im Jahr 2010 eine Personenstandserklärung ab. Diese Bestrebungen brachten ihn und seine Anhänger*innen schließlich zur Gründung der vermeintlichen Monarchie *Königreich Deutschland* auf dem Gelände eines ehemaligen Krankenhauses in Wittenberg. Am 16. September 2012 ließ sich Peter Fitzek dort zum ›König‹ krönen. Unter den Zuschauenden war auch der antisemitische

Verschwörungsideologe Johannes ›Jo‹ Conrad, der schon an dem ideologischen Vorgängerprojekt ›Fürstentum Germania‹ in Brandenburg beteiligt war.

Fitzek bot seinen Anhänger*innen, neben der Steuerfreiheit für Gemeinden und Unternehmen, in seinem Scheinstaat über das übliche Paket an Dienstleistungen (Schulungen, Ausweise, Führerscheine, Kfz-Kennzeichen und andere Merchandise-Artikel) hinaus auch eine vermeintliche Krankenversicherung, eine Bank sowie eine eigene Online-Handelsplattform an. Dafür gab ihm das Milieu einen Arbeitsplatz als ›König‹ sowie die Möglichkeit, seine ideologische Arbeit in Vollzeit durchführen zu können. Bei der Eröffnung seiner Bank wurde offenkundig, dass Peter Fitzek auch ehemalige Neonazis zu seinem Sicherheitspersonal zählte.

Neben esoterischen Themen bedient Fitzek auch antisemitische Verschwörungsmythen. Sein ›Königreich‹ sollte nicht der ›Zinsknechtschaft‹ unterliegen, gab er zwei Tage vor der ›Staatsgründung‹ der Mitteldeutschen Zeitung kund (Könau 2012). ›Zinsknechtschaft‹ entstammt dem nationalsozialistischen Wortschatz und bedient die antisemitischen Stereotype der ›jüdischen Weltherrschaft‹ und der Juden ›als Geldmenschen und Wucherer‹. Demnach würden ›die Juden‹ durch ihre Banken alle anderen durch deren Schulden und die damit verbundenen Zinszahlungen in ewiger Knechtschaft halten. Um sich dem zu widersetzen, kreierte Fitzek die eigene Alternativwährung *Engel (Ein Neues GELd)*, mit dem Waren und Dienstleistungen in der Region bezahlt werden können. Er nutzte die Alternativwährung auch, um seine Anhänger*innen im ›Königreich‹ anteilig zu bezahlen.

Fitzek wurde bereits mehrere Male verurteilt. Zu seinen Vergehen zählen: Nutzung eines amtlich nicht zugelassenen Kennzeichens, vorsätzliches Fahren ohne Fahrerlaubnis sowie vorsätzliche und gefährliche Körperverletzung. Letztlich wurden ihm seine finanziellen Konstrukte zum Verhängnis. Seit März 2014 kam es im Zuge von Auseinandersetzungen mit der *Bundesanstalt für Finanzdienstleistungsaufsicht* (BaFin) zu mehreren Durchsuchungen des ehemaligen Krankenhausgeländes durch Polizei und Zoll, die Mitte 2016 zur Untersuchungshaft Fitzeks führten. Ab Ende desselben Jahres lief ein Prozess wegen Veruntreuung in schwerem Ausmaß gegen ihn, der mit einer Verurteilung Fitzeks zu einer Freiheitsstrafe von drei Jahren und acht Monaten endete. Er gab seinen Anhänger*innen gegenüber vor, den Prozess als Möglichkeit zu nutzen, die Ungerechtigkeiten des Systems offenzulegen. Auf dieses Weise versuchte Fitzek weiterhin, das ›Macher‹-Image aufrecht zu erhalten, das ihn in der Vergangenheit nicht nur für potentielle Gefolgschaft, sondern auch für die Medien interessant machte. In der Neujahrsansprache für das Jahr 2014 bedankte er sich auch explizit für kritische Presse-Berichte. Diese hätten bei vielen Menschen erst Interesse an seinem ›Königreich‹ geweckt.

Mitte 2017 wurde das Krankenhausgelände des ›Königreichs‹ schließlich geräumt. Damit dürfte das Selbstverwaltungsprojekt ›Königreich Deutschland‹ an sein Ende gekommen sein.

## ›Souveränisten‹

Der Fokus dieser Darstellung liegt auf den aktuellen Erscheinungsformen, auch wenn sicherlich noch viele weitere Gruppierungen, die in der Vergangenheit existierten, die Merkmale dieses Idealtyps erfüllten. Ganz allgemein lassen sich ›Souveränisten‹ als Vertreter*innen einer Politik begreifen, welche die Souveränität einer Nation oder Region bewahren oder wiederherstellen soll. Dabei unterscheidet sie sich von anderer, die Souveränität eines Staates betreffender Politik durch ihren Widerstand gegen wirkliche und eingebildete Beschränkungen (etwa durch geheime Eliten) staatlicher Souveränität. Innerhalb des europäischen Kontextes richtet sich dabei der Widerstand nach außen gegen die Europäische Union oder den Einfluss als fremd wahrgenommener Mächte und nach innen gegen die Beschränkungen der eigenen Herrschaft. Dem vereinten Europa setzen die an dieser Stelle als ›Souveränisten‹ Bezeichneten ein ›Europa der Vaterländer‹ entgegen. Seit einigen Jahren lässt sich nun beobachten, dass diese Politik europäischer Rechtspopulist*innen zunehmend von Erfolg gekrönt ist. Innerhalb des *Front National* in Frankreich, der *Partei für die Freiheit* in den Niederlanden, der *Freiheitliche Partei Österreichs* und der *Alternative für Deutschland* wird eine solche Politik vertreten. Der derzeit größte Erfolg dürfte der von der rechtspopulistischen *UK Independence Party* seit Langem propagierte BREXIT, also der Austritt Großbritanniens aus der Europäischen Union, gewesen sein. Aber auch die ›America first‹-Politik Donald Trumps fällt schlussendlich in diese Kategorie.

Für die Bundesrepublik Deutschland lautet die zentrale Botschaft: ›Deutschland ist nicht souverän!‹ Hier zeigt sich die Besonderheit des Rechtspopulismus. Nach Auffassung des Politikwissenschaftlers Samuel Salzborn stellt der Rechtspopulismus eine strategische Option der deutschen extremen Rechten dar (vgl. Salzborn 2015, 18). Akteur*innen beziehen sich vordergründig auf einen Mangel an deutscher Souveränität. Sofern die Bundesrepublik dabei aber nicht explizit genannt wird, eignet sich die alleinige Nutzung des Begriffs ›Deutschland‹ als Projektionsfläche für sämtliche davon abweichende Vorstellungen eines deutschen Staatsgebietes. Bei der Benennung derjenigen, die für diesen Souveränitätsverlust verantwortlich sein sollen, verdeutlicht sich der Bezug zur Ideologie einer ›Weltverschwörung gegen die Deutschen‹. So bleibt die Kritik nicht allein bei der EU und der Übertragung bestimmter Kompetenzen an diese Organisation durch die Bundesrepublik stehen, sondern wähnt ganz andere Mächte am Werk, die im Hintergrund die Strippen ziehen. So heißt es im Grundsatzprogramm der *Alternative für Deutschland* aus dem Jahr 2016:

> »Heimlicher Souverän ist eine kleine, machtvolle politische Führungsgruppe innerhalb der Parteien. Sie hat die Fehlentwicklungen der letzten Jahrzehnte zu verantworten. Es hat sich eine politische Klasse von Berufspolitikern herausgebildet, deren vordringliches Interesse ihrer Macht, ihrem Status und ihrem materiellen Wohlergehen gilt. Es handelt sich um ein politisches Kartell, das die Schalthebel der staatlichen Macht, soweit diese nicht an die EU übertragen worden ist, die gesamte politische Bildung und große Teile der Versorgung der Bevölkerung mit politischen Informationen in Händen hat. Nur das Staatsvolk der Bundesrepublik Deutschland kann diesen illegitimen Zustand beenden.«[2]

2 Alternative für Deutschland (2016): *Programm für Deutschland: Das Grundsatzprogramm der Alternative für Deutschland*, S. 8.

Die Formulierung des »heimlichen Souveräns« findet sich ebenfalls im Wahlprogramm der Partei zur Bundestagswahl 2017.[3] In ähnlicher Weise werden diese Positionen von dem verschwörungsideologischen Querfrontmagazin *COMPACT* vertreten. Das Blatt, das sich im Untertitel als ›Magazin für Souveränität‹ bezeichnet, macht nicht nur offen Werbung für die AfD. Es veranstaltet auch eigene Konferenzen, bei denen es dem Chefredakteur und Mitherausgeber Jürgen Elsässer mehrmals gelang, prominente und im verschwörungsideologischen Sinne unverdächtige Redner einzuladen. Auf der Konferenz ›Frieden mit Russland‹ im Jahr 2014 erschien die SPD-Größe Egon Bahr, Berater des ehemaligen Bundeskanzlers Willy Brandt. Das Sonderheft Nr. 6 des COMPACT Magazins ist vollständig der vermeintlich mangelnden Souveränität Deutschlands gewidmet. Der Titel lautet: »Ami go home! Wie uns NSA, CIA und Army besetzt halten«. Sämtliche Artikel beleuchten einen anderen Aspekt der vermeintlichen Fremdherrschaft über die Deutschen. Auf den anderen Medienkanälen des Magazins bietet Elsässer ebenfalls ›Selbstverwaltern‹ ein Forum. Ein Interview mit Peter Fitzek findet sich in Ausgabe 10/2015, das gesamte Interview stellte das Magazin auf seinem YouTube-Kanal zur Verfügung.

Das metapolitische Rückgrat bildet für die ›Souveränisten‹ die extrem rechte ›Neue Rechte‹. Vertreter*innen dieser Strömung zielen auf die Erringung einer kulturellen Hegemonie ab. Diesem Konzept zufolge gilt es, den Staat nicht nur durch eine plötzliche Revolution zu erobern, sondern langfristig – einem ›Stellungskrieg‹ gleich – eine Vorherrschaft der eigenen Ideen innerhalb einer Gesellschaft zu erringen, um das Gelingen der gesellschaftlichen Veränderungen zu sichern. Der italienische Kommunist Antonio Gramsci hatte diese Hegemonietheorie während seines Gefängnisaufenthalts im faschistischen Italien in den Jahren 1929 bis 1935 fragmentarisch formuliert. Für die ›Neue Rechte‹ bedeutet die Erringung kultureller Hegemonie, stückweise den politischen Diskurs zu bestimmen, die Grenzen

3 Vergl. Alternative für Deutschland (2017): *Programm für die Wahl zum Deutschen Bundestag am 24. September 2017*, S. 7.

des Sagbaren auszuweiten und so letztlich ihre autoritären Gesellschaftsvorstellungen zu denen der gesellschaftlichen Massen werden zu lassen.

Die Überschneidungen zwischen ›Souveränisten‹ und ›Neuer Rechter‹ verdeutlichen sich exemplarisch anhand des Projekts *Ein Prozent für unser Land*, das sich als ›neurechte‹ NGO versteht. In ihm sind neben Jürgen Elsässer und Albrecht Schachtschneider aus dem COMPACT Umfeld, Götz Kubitschek, Mitbegründer des ›neurechten‹ *Instituts für Staatspolitik* (IfS), sowie Hans-Thomas Tillschneider, seit März 2016 Mitglieder der AfD-Landtagsfraktion in Sachsen-Anhalt, vertreten. Das Projekt sammelt Spenden und möchte durch Recherche, Vernetzungsarbeit und Videodokumentationen die aktuellen völkischen und rechtspopulistischen Bewegungen unterstützen. *Ein Prozent* wird auch von dem Österreicher Martin Sellner beworben, einer der führenden Personen der deutschsprachigen *Identitären Bewegung* (IB). Die Organisation bündelt also Teile der AfD, der verschwörungsideologischen ›Wahrheitspresse‹, die ›Neue Rechte‹ um Kubitschek und IfS sowie die Medienpopagandist*innen der IB.

›Souveränisten‹ bilden einen Grenzbereich innerhalb des Milieus, das sie sich ideologisch mit ›Reichsbürgern‹ und ›Selbstverwaltern‹ teilen. Dies gilt sowohl für die Bereiche der organisierten extremen Rechten, als auch für Querfronten, wie sie etwa im Zuge der *Montagsmahnwachen für den Frieden* seit dem Jahr 2014 angestrebt worden sind. Die rechtspopulistische Kommunikationsstrategie stellt die Forderung nach deutscher Souveränität in den Vordergrund und benennt die vermeintlichen Schuldigen in Codes und Chiffren. In ihrem Vorgehen nutzen ›Souveränisten‹ vornehmlich eine legalistische Strategie.

★★★

Der Abschnitt stellte einige herausragende Akteur*innen innerhalb des behandelten Milieus vor. Dabei blieb ein Aspekt ausgeblendet, der jedoch eine immer wichtigere Rolle spielt. Organisierte extrem rechte Holocaustleugner und ›Revisionisten‹, Ebelsche ›Reichsbürger‹, ›Selbstverwalter‹ und ›Souveränisten‹ tauschen sich international aus und vernetzen sich, so etwa auf den Konferenzen der *Anti-Zensur-Koalition* des Schweizer Oberhauptes religiöser Psychogruppen Ivo Sasek. Diese internationalen Verbindungen sind im Bereich der organisierten extremen Rechten seit Jahrzehnten bekannt, über die internationalen Verknüpfungen der anderen Submilieus liegen jedoch kaum Erkenntnisse vor. Die Übernahme der Argumente US-amerikanischer Gruppen, wie den *sovereign citizens*, durch andere ›Selbstverwalter‹ nicht nur in Deutschland und Österreich bezeugen den internationalen Austausch und Einfluss, die es künftig weiter zu untersuchen gilt.

Während die organisierte extreme Rechte innerhalb des Milieus seit Gründung der Bundesrepublik Deutschland legale und illegale Strategien zur Wiederherstellung des Deutschen Reiches und zur Bekämpfung der vermeintlichen Verschwörer nutzen, fallen die Gruppen der ›Reichsbürger‹ und ›Selbstverwalter‹ durch weitere, ihnen eigene Handlungen auf. Diese Handlungen bilden ein Spiegelbild staatlichen Handelns ab. So stehen etwa staatliche Schreiben aus dem Milieu denen aus der bundesrepublikanischen Verwaltung im sprachlichen Ausdruck in nichts nach (›Beamtendeutsch‹). Allgemein kann also davon ausgegangen werden, dass die Grundannahme, einen souveränen Staat zu führen oder ein souveräner Mensch zu sein, dazu führt, in letzter Instanz alle staatlichen – aus Perspektive der Bundesrepublik: pseudostaatlichen – Handlungsfelder abzudecken. Der Unterschied besteht darin, dass staatliche Handlungen aus dem Milieu, so sehr sie auch ihren Vorbildern gleichen mögen, letztlich am reellen Gewaltmonopol der Bundesrepublik Deutschland scheitern (vgl. Hellbrück 2017). Gemäß der Drei-Elemente-Lehre von Georg Jellinek, die innerhalb des Milieus breit rezipiert wird, bedarf ein Staat eines Staatsgebietes, eines Staatsvolkes und einer *Staatsgewalt*. Die ersten beiden Bedingungen sind leichter zu erfüllen, wenn lediglich eine Selbstverwaltung oder individuelle Souveränität angestrebt wird: Das eigene Grundstück und die eigene Person mögen dafür ausreichend sein. Die Bedingung der Staatsgewalt bleibt jedoch unerfüllt, was besonders dann deutlich wird, wenn aus der eigenen Perspektive ein anderer Staat (BRD), eine Firma (BRD GmbH) oder ein Besatzungskonstrukt (OMF-BRD)[4] die eigene Souverä-

4 »Die Bundesrepublik Deutschland ist kein Staat, sondern ein Reichsvernichtungsregime, das Carlo Schmid zutreffend als ›Organisationsform einer Modalität der Fremdherrschaft‹ (OMF) charakterisiert hat [...]. Alle Institutionen der OMF-BRD [...] sind Institutionen der Fremdherrschaft. Um das Deutsche Volk zu täuschen, segeln sie unter falscher Flagge.« Mahler, Horst (2004): *Das Ende der moralischen Geschichtsbetrachtung führt zur Antwort auf die Judenfrage. Einlassung zur Anklage wegen Volksverhetzung vor der 22. Großen Strafkammer des Landgerichts Berlin (522) 81 Js 3570/KLs (1/03).* Kleinmachnow, S. 5.

nität infrage stellt. Damit bleibt das Handeln des Milieus pseudostaatlich, da die eigenen Entscheidungen zwar frei getroffen, nicht jedoch mit Gewalt durchgesetzt werden können.

## Zahlungsverweigerung und Schriftverkehr

Innerhalb des Submilieus der ›Reichsbürger‹ und ›Selbstverwalter‹ spielt das Internet eine große Rolle. Es dient nicht nur der nach innen und außen gerichteten Kommunikation und Propaganda, sondern auch als alternative Informationsquelle zur ›Lügenpresse‹. Das Internet ist ein integraler Bestandteil der ideologiegeleiteten Praxis. Pseudostaatliches Handeln aus dem Milieu findet im Virtuellen einen Raum für Verwaltungsinstanzen, den zu erlangen im Analogen nicht immer problemlos möglich ist. Die Kommunikation erfolgt in eigenen Diskussionsforen, auf Webseiten und über Soziale Medien, wie Facebook oder das russische vk.com. Neben den Beschreibungen der Zuständigkeiten von Personen für ›Ministerien‹ und Ähnliches, finden sich auf den Seiten immer auch Informationen, warum die Bundesrepublik Deutschland angeblich nicht existiert. Als Multifunktionsplattformen bieten Webseiten auch den Zugang zu den nachfolgend beschriebenen, profitablen Angeboten.

Das Submilieu schuf, wie andere Milieus auch, einen Markt für eigene Waren und Dienstleistungen. Dazu gehören neben pseudostaatlichen Dokumenten (Ausweise, Führerscheine) und Währungen auch einfache Merchandise-Artikel wie Fahnen, Aufkleber usw.

Neben diesen marktwirtschaftlichen Aktivitäten unterhalten ›Reichsbürger‹ und ›Selbstverwalter‹ seit Jahren einen wachsenden Schriftverkehr mit staatlichen Stellen, da ihre Hauptkonfliktlinie zwischen ihnen, ihrem Reich, Scheinstaat und/oder ihrer Selbstverwaltung und der Bundesrepublik Deutschland verläuft. Zumeist geht es um die Verweigerung von Zahlungen, seien es Abgaben, Steuern, Buß- oder Ordnungsgelder. Denn, wenn die Bundesrepublik nicht existiert, kein Staat oder eine Firma ist, dann müssen auch keine Steuern oder Abgaben entrichtet werden und darf die BRD auch keine Ansprüche gegen ›Reichsbürger‹,

›Selbstverwalter‹ oder ›Freie Menschen‹ geltend machen oder Gewalt über sie ausüben.

Steuern oder Ordnungsgelder nicht zu zahlen, schien sich innerhalb des Milieus zunächst auszuzahlen. So konnte es vorkommen, dass bestimmte Fristen nicht eingehalten wurden oder dass Verfahren seitens des Staates eingestellt wurden, weil der Anlass nichtig erschien. Dies wurde innerhalb des Milieus als Beweis für die Wahrheit der eigenen ›Argumente‹ gewertet und im Internet propagandistisch genutzt.

Seit Jahren ist es neben der Verweigerung von Zahlungen und Abgaben gängige Praxis Todesdrohungen und Todesurteile gegen Mitarbeitende staatlicher Stellen, Kritiker*innen, andere (Spaltungs-)Gruppen sowie andere vermeintliche Feind*innen zu verschicken. Aus den Kreisen von Reichsregierungen sind für diese Vorgänge zumeist sogenannte ›Volksgerichtshöfe‹ oder ›Reichsgerichtspräsidenten‹ zuständig. Der Vorwurf gegen Beamt*innen sowie Angestellte ist zumeist ›Hochverrat‹, da sie einer volksfremden Institution dienen und nicht den Anweisungen des ›echten‹ Staates folgen würden.

## Radikalisierung

Neben diesen Tätigkeiten drängt es Menschen aus dem Milieu aufgrund ihres Anspruchs auf Souveränität zunehmend zur direkten Gewaltausübung. Indiz hierfür ist die steigende Anzahl von Waffen- und Sprengstofffunden durch die Polizei. Auch scheinen einige ›Reichsbürger‹ und ›Selbstverwalter‹ der offenen Gewalt nicht mehr abgeneigt.

Den Schritt vom Wort zur Tat vollzog öffentlichkeitswirksam das *Deutsche Polizei Hilfswerk* (DPHW). Die Gruppierung wurde unter anderem von Volker Schöne gegründet, der zeitweilig bei der deutschen Polizeigewerkschaft Sachsen e.V. gearbeitet hatte. Auf deren Webseite verbreitete er kurzzeitig Ende September 2011 ›Argumente‹ aus dem Milieu. Als Pressesprecher der Organisation fungierte Holger Fröhner, Autor von *Die Jahrhundertlüge*, innerhalb des Milieus ein Bestseller. Sinn und Zweck des DPHW sollte es vorgeblich sein, die deutsche Polizei zu unterstützen. In welcher Weise dies gemeint war, zeigte die Gruppe am 23. November 2012. Als ein Gerichtsvollzieher eine Zwangsvollstreckung im sächsischen Bärwalde durchführen wollte, wurde er von einem Dutzend Menschen in DPHW-Uniformen ›festgenommen‹, da er sich ihrer Ideologie zufolge nicht ordentlich ausweisen konnte. Erst die angerückte Polizei war in der Lage, ihn schließlich zu befreien. Diese Aktion sorgte innerhalb des Milieus für Eindruck. Im DPHW sahen ›Reichsbürger‹ und ›Selbstverwalter‹ eine wirksame Exekutive für ihre Staatsprojekte. Die Gruppe ging in mehreren Bundesländern auf Werbetour, bis es jedoch im Februar und Juli 2013 zu Hausdurchsuchungen bei DPHW-Mitgliedern in Sachsen und Brandenburg durch die Polizei kam. Grund der Ermittlungen war der Verdacht auf Bildung einer kriminellen Vereinigung. Bei den Hausdurchsuchungen wurden Uniformen und Schusswaffen sichergestellt. Nach Angaben des DPHW waren die Waffen legal im Besitz zweier Mitglieder, da es sich bei ihnen um Sportschützen handele. Letztlich wurden die Ermittlungen wegen des Verdachts auf Bildung einer kriminellen Vereinigung eingestellt, jedoch etliche Mitglieder für die Aktion in Bärwalde zu Freiheitsstrafen zwischen zehn und 30 Monaten ohne Bewährung verurteilt.

Die Auseinandersetzungen zwischen Staat und Einzelpersonen des Milieus eskalierte erneut im August 2016 im sachsen-anhaltinischen Reuden. Dem Oberhaupt des ›Staates Ur‹, Adrian Ursache, drohte zu diesem Zeitpunkt eine Zwangsräumung wegen ausstehender Zahlungen. Bereits im Vorfeld hatte er den Gerichtsvollzieher in Videos bedroht, die er auf YouTube online stellte. Außerdem mobilisierte er Unterstützer*innen zum Räumungstermin, die ihm helfend zur Seite standen. Ein sehr großes Polizeiaufgebot führte schließlich die Zwangsvollstreckung gegen Ursache durch, wobei es zu einem Schusswechsel zwischen SEK-Einsatzkräften und Ursache kam, da letzterer die Souveränität seines ›Staates Ur‹ gefährdet sah. Ursache selbst wurde in diesem Zusammenhang schwer verletzt. Einem Teil des Milieus gilt er seither als Widerstandskämpfer.

Den Höhepunkt bisheriger Gewaltanwendung bilden die Ereignisse Ende Oktober desselben Jahres. Wolfgang Plan, der eine

Lebenderklärung abgegeben hatte und sein Grundstück als nicht zur Bundesrepublik gehörig ansah, erschoss einen Beamten des bayrischen SEK beim Versuch, ihm ebendiese Waffen abzunehmen. Zuvor war ihm aufgrund seiner Zugehörigkeit zum Milieu die Erlaubnis abgesprochen worden, Waffen zu besitzen. Zwischen den Fällen in Sachsen-Anhalt und Bayern bestand nicht nur auf der ideologischen Ebene ein Zusammenhang. Nach Angaben der *Mitteldeutschen Zeitung* hatte sich Wolfgang Plan acht Wochen zuvor an der Unterstützungsaktion für Adrian Ursache in Reuden beteiligt (vgl. Gerbank 2016).

Auf terroristische Gewaltakte zielte eine Gruppierung aus dem Milieu ab, gegen welche die Bundesstaatsanwaltschaft am 25. Januar 2017 Hausdurchsuchungen in sechs Bundesländern veranlasste. Sie sind Teil eines zum Zeitpunkt der Drucklegung noch offenen Ermittlungsverfahrens wegen Bildung einer rechtsterroristischen Vereinigung gegen Karl Burghard B., besser bekannt als Druide ›Burgos von Buchonia‹, und sechs weitere Personen. Die Gruppe soll Anschläge auf Jüdinnen und Juden, Polizist*innen wie auch auf Asylsuchende geplant haben. Bei den Durchsuchungen wurden Waffen, Munition und Sprengstoff sichergestellt. B. war bereits seit Jahren durch seine antisemitischen und rassistischen Gewaltaufrufe in sozialen Netzwerken aufgefallen. Er beteiligte sich an verschiedenen extrem rechten und rechtspopulistischen Veranstaltungen, wie Pegida Frankfurt und den Querfrontprotesten gegen das Treffen der Bilderberg Gruppe im Juni 2016 in Dresden. Dort verbreitete er nicht nur in Reden antisemitische Weltverschwörungsmythen, sondern stellte auch Material der antisemitischen, revisionistischen und reichideologischen *Europäischen Aktion* an seinem Stand zur Verfügung (vgl. Jüdisches Forum für Demokratie und gegen Antisemitismus e.V. 2016). Karl Burghard B. ordnet sich somit den organisierten extrem rechten ›Reichsbürgern‹ in der Tradition des Deutschen Kollegs und Horst Mahlers (siehe Abschnitt *Deutsches Kolleg und ›Reichsbürgerbewegung‹*) zu. Die Europäische Aktion gilt als Nachfolgeorganisation des *Vereins zur Rehabilitierung der wegen Bestreitens des Holocaust Verfolgten* (VRBHV). Ein weiteres Indiz für seine Verbundenheit mit dem Umfeld Mahlers ist B.s Anwesenheit bei einem Gerichtsprozess Ende 2015 in Hamburg gegen die Holocaustleugnerin Ursula Haverbeck, die im Vorstand des VRBHV aktiv war.

★★★

Wie diese Ereignisse verdeutlichen, führen nicht nur die Wechselwirkungen zwischen Staat und ›Reichsbürgern‹ oder ›Selbstverwaltern‹ inzwischen zum Einsatz von Waffengewalt. Aus dem Souveränitätskonflikt zwischen der BRD und Konstruktionen aus dem Milieu (Deutsches Reich, eigener Staat, souveräne Bürgerschaft) resultiert letztlich eine praktisch zu beantwortende Frage nach dem Gewaltmonopol. Souveränität muss mit Gewalt verdeutlicht werden, sei es durch das Sondereinsatzkommando der Polizei (BRD), das Festsetzen von Gerichtsvollziehenden (DPHW) oder den Schusswaffengebrauch (Ursache, Plan) (vgl. Hellbrück 2017).

Innerhalb des organisierten extrem rechten Teils scheint sich um Karl Burghard B. nun auch eine Gruppe soweit radikalisiert zu haben, dass sie zu terroristischen Taten schreiten wollte. Spätestens seit dem Polizistenmord in Bayern wird inzwischen vonseiten der Bundesrepublik das Milieu stärker unter die Lupe und vor allem ernst genommen. Die ständig steigende Anzahl von Personen, die laut Angaben des Bundesinnenministeriums dem Milieu zuzuordnen seien, zeugen davon, dass hier über Jahre hinweg eine gefährliche Gruppe ignoriert wurde – obwohl sogar einige Landesämter für Verfassungsschutz seit 2012 zunehmend auf das Problem hinwiesen.

Treibende Kraft war in allen Fällen eine antisemitische Ausdrucksideologie der ›Weltverschwörung gegen die Deutschen‹, die als regressive Krisenbewältigungsstrategie ihre Anhängenden zur identitätsstiftenden Tat gegen vermeintliche Verschwörerinnen und Verschwörer animiert (siehe Abschnitte *Verschwörungsideologie* und *›Weltverschwörung gegen die Deutschen‹*). Karl Burghard B. äußerte sich in klassischer extrem rechter Manier offen antisemitisch. Wolfgang Plan und Adrian Ursache teilten antisemitische Codes. Letzterer inspirierte die Gründung einer gegen die ›Neue Weltordnung‹ gerichteten Webseite, Plan teilte Videos, in denen die jüdische Bankiersfamilie Rothschild der Weltverschwörung bezichtigt wird. Diese Einstellungen und ideologischen Grundlagen des Milieus sollen nachfolgend aufgezeigt werden.

## Diskussion der Begriffe *Reichsbürgerbewegung* und *Reichsideologie*

Die vorgestellten Gruppierungen und Einzelpersonen werden derzeit nur ungenügend unter den beiden Begriffen *Reichsbürgerbewegung* und *Reichsideologie* zusammengefasst. Beide Begriffe eigenen sich nicht oder nur teilweise zur Beschreibung der damit bezeichneten gesellschaftlichen Phänomene. Vornehmlich in der öffentlichen Berichterstattung werden mit ihnen Gruppierungen und Einzelpersonen fälschlicherweise als Menschen beschrieben, die

- den deutschen Staat ablehnen (›Staatsleugner‹) und
- das Deutsche Reich in den Grenzen von 1937 wiedererrichten wollen (›Reichsbürger‹).

Der Begriff *Reichsbürgerbewegung* vermittelt den Eindruck, es handele sich um eine große geschlossene Formation, die trotz Querelen gemeinsam agieren würde, um ihre Ziele zu erreichen. Dies trifft jedoch aus mehreren Gründen nicht zu. Zunächst ließe sich einwenden, dass es sich um sehr heterogene Gruppen und Einzelpersonen handelt, bei denen Spaltungen häufiger anzutreffen sind als Formen der Zusammenarbeit. Eine langfristige Zusammenarbeit ist nahezu unmöglich für Gruppen, die sich als alleinige Vertreter eines Deutschen Reiches, etwa als ›Reichsregierung‹, sehen. Andere ›Regierungen‹ und andere ›Reiche‹ stellen aus ihrer Perspektive Verräter*innen bzw. Betrug dar. Die Folge ist eine unüberschaubare Anzahl an Pseudostaatsregierungen innerhalb derer Widerspruch fortlaufend zu weiteren Spaltungen führt. Darüber hinaus lässt sich die Zahl der Anhängenden bisher nur unzureichend erfassen. Sicher ist jedoch, dass eine Forderung der Gruppen und Einzelpersonen der ›Reichsbürgerbewegung‹ in der breiten Öffentlichkeit keinen Anklang findet: Die Wiederherstellung eines Deutschen Reiches steht derzeit nicht zur öffentlichen Debatte. Veranstaltungen mit mehr als einer niedrigen dreistelligen Teilnehmerzahl sind nicht bekannt. Selbst, wenn in den Sozialen Medien bestimmte Seiten nahezu 40.000 Likes sammeln können, lässt sich für die Offline-Welt feststellen, dass Anhängende dieser Vorstellungswelt eher Kontakt zu aktuellen großen Bewegungen suchen, um ihre Überzeugungen bei diesen zu stärken oder unterzubringen, als selbst eine Bewegung bilden zu können. Bei diesen Phänomenen handelt es sich folglich nicht um eine eigenständige Bewegung im soziologischen Sinne. Aufgrund ihrer ideologischen Ausrichtung ließe sie sich als ein Teil der Völkischen Bewegung begreifen (näheres dazu im Abschnitt ›*Weltverschwörung gegen die Deutschen*‹).

Der zweite Begriff für die bezeichneten gesellschaftlichen Phänomene, *Reichsideologie*, muss ebenfalls einer kritischen Betrachtung unterzogen werden. Wie schon der Begriff der Reichsbürgerbewegung bezieht sich der der Reichsideologie notwendigerweise auf ein Deutsches Reich. Dieser Bezug wird jedoch nicht von allen Gruppen und Einzelpersonen geteilt, die sich innerhalb dieses Milieus bewegen. Gleiches gilt für die pauschale Bezeichnung *aller* Anhängenden dieser Ideologie als ›Reichsbürger‹.

Um also den richtigen Begriff für die zahllosen Gruppen und Einzelpersonen zu finden, soll an dieser Stelle eine einfache Unterteilung vorgenommen werden. Die Entstehungsgeschichte dieser Gruppierungen und ihrer Ideologie, wie auch die weitere Ausdifferenzierung, liefert das Kapitel *Historische Ursprünge*.

Allgemein können die Gruppen und Einzelpersonen als ein soziokulturelles Milieu verstanden werden. Das bedeutet, sie werden durch ähnliche Werthaltungen, Mentalitäten und Lebensstile geeint. Wie bereits gezeigt wurde, besteht dieses Milieu aus Menschen, die sich selbst als ›Reichsbürger‹ bezeichnen würden und denen, die dies nicht tun. Was ist also das verbindende Element der beiden Gruppierungen, wenn es nicht das Reich ist? Zunächst lässt sich empirisch nachweisen, dass beide Gruppen zahlreiche vermeintliche Argumenten teilen. Diese sind vornehmlich mit der Leugnung der Existenz der Bundesrepublik Deutschland verbunden.

Wäre ein besserer Oberbegriff also ›Staatsleugner‹? Zur Beantwortung dieser Frage muss die verbleibende gemeinsame Grundannahme näher betrachtet werden. Der Fokus auf die

Nichtexistenz der Bunderepublik bildet nur den rechtspraktischen Teil ab. Dies ist aus staatlicher Perspektive nachvollziehbar, schließlich drehen sich die Auseinandersetzungen zwischen den Anhängenden dieser Ideologie und deutschen Behörden maßgeblich um diese Behauptung. Die ›Staatsleugnung‹ ist jedoch nur der offensichtliche Teil der zentralen Grundannahme; in ihr verbirgt sich der Vorwurf einer Verschwörung. Entsprechend müssen die Bundesrepublik, ihre Politiker*innen sowie ihre Medien eine Erscheinungsform dieser Verschwörung sein. Das beschriebene Milieu wird also durch eine Verschwörungserzählung vereint. Die gemeinsame Grundannahme, die der Staatsleugnung zugrunde liegt, lautet daher:

- Die Bundesrepublik Deutschland ist Teil einer weltweiten Verschwörung und deshalb kein legaler/legitimer oder echter Staat.

›*Reichsbürger*‹ bzw. Reichsideolog*innen gehen zusätzlich davon aus, dass ein Deutsches Reich weiterhin bestehen würde. Die anderen Gruppierungen leiten aus der Ablehnung des ›Fake‹-Staates BRD die Möglichkeit, teilweise gar die Notwendigkeit ab, aus ihm auszutreten, sich unter Selbstverwaltung zu stellen, eigene Staaten an seiner statt zu gründen oder sich zu Freien Menschen oder Individuen zu erklären. Gemeinhin hat sich hier die allgemeine Bezeichnung als ›*Selbstverwalter*‹ für diese nichtreichsbezogenen Gruppierungen und Einzelpersonen durchgesetzt, da einige Gruppen diese als Selbstbezeichnung wählen. Dabei sollten sie nicht mit linken Gruppen verwechselt werden, die eine Selbstverwaltung anstreben. Linke Selbstverwaltungen teilen nicht die Gesellschaftsvorstellungen des beschriebenen Milieus und nutzen auch nicht deren ›Argumentationen‹. Von ›Reichsbürgern‹ und ›Selbstverwaltern‹ unterscheiden sich schließlich ›Souveränisten‹. Sie bilden keine ›Reichsregierungen‹ oder eigene Staaten, sondern versuchen, ihre Vorstellungen einer autoritären Gesellschaftsordnung über politische Themensetzungen und Aktionen zunächst innerhalb der Bundesrepublik Deutschland zu verwirklichen. Deshalb wird innerhalb dieses Submilieus strategisch die angeblich mangelnde Souveränität der Bundesrepublik beklagt, die wiederherzustellen wäre. Einige bezeichnen sich selbst entsprechend als ›Souveränisten‹. Akteur*innen der sogenannten ›Neuen Rechten‹ sind über die geteilte Grundannahme mit dem Milieu verbunden und bieten eine Schnittstelle zur klassischen extremen Rechten, dem Konservativismus der politischen Rechten, wie auch den aktuellen populistischen Bewegungen.

## Verschwörungsideologie

Allgemein ließe sich die Vorstellung, die Bundesrepublik Deutschland sei kein Staat, sondern Teil einer Verschwörung, als *Verschwörungstheorie* bezeichnen. Innerhalb der wissenschaftlichen Forschung ist der Begriff jedoch umstritten. Während einige Wissenschaftler*innen aus wissenssoziologischer Perspektive unter Verschwörungstheorien auch eine Form legitimer Herrschaftskritik verstehen wollen, kritisieren andere auf Grundlage der Überlegungen des Philosophen Karl Poppers Verschwörungstheorien als unwissenschaftlich und sprechen ihnen den Status einer Theorie ab. Entgegen diesen Auffassungen soll an dieser Stelle der Einwand geltend gemacht werden, dass der Begriff Verschwörungstheorie je nach Auslegung ein diffuses Feld von Kritik bis Ideologie beschreiben soll, also seinen Gegenstand nicht deutlich genug abgrenzt.

Bei ›Reichsbürgern‹, ›Selbstverwaltern‹ und ›Souveränisten‹ handelt es sich um Anhängende einer bestimmten Ideologie. Im Anschluss an die ideologiekritische Tradition von Marx, Engels und Adorno soll unter Ideologie zunächst ein notwendig falsches Bewusstsein verstanden werden (vgl. Marx/Engels 1990; Adorno 1972). Der Politikwissenschaftler und Adorno-Schüler Kurt Lenk führt dies folgendermaßen aus:

> »Ideologieverdächtig ist jenes Bewußtsein, das sich seiner eigenen Konstitution nicht bewußt werden möchte oder kann und daher zwischen unbewußter Verschleierung und gesellschaftlich bedingter Selbsttäuschung oszilliert. Von bloßer Manipulation, von Lüge und Betrug unterscheidet sich Ideologie vor allem darin, daß ein notwendiger und nicht bloß zufällig-äußerer Zusammenhang zwischen Realität und Ideologie besteht. [...] Wäre alles [sic!] Ideologie bloß Täuschung und Betrug, so genügte in der Tat das ›Entlarven‹ des Betrugsmanövers, um sich des ideologischen Charakters bestimmter Bewußtseinselemente zu vergewissern.« (Lenk 1994, 22)

Wesentliche Eigenschaft der Ideologie ist, dass sie nicht nur Betrug oder Lüge darstellt, sondern sowohl wahr als auch falsch ist. Theodor W. Adorno beschreibt sie als »Verschränkung des Wahren und Unwahren, die sich von der vollen Wahrheit ebenso scheidet wie von der bloßen Lüge« (Adorno 1972, 465). In den *Grundrissen der Kritik der politischen Ökonomie* verdeutlicht Marx dieses Verhältnis vom Wahren und Unwahren. Die stark vermittelten Prozesse, in denen sich Macht und Herrschaft in bürgerlichen Gesellschaften entfalten, erscheinen in der Ideologie als »eine über ihnen [den Individuen; JR] stehende, *fremde* gesellschaftliche Macht« (Marx/Engels 1983, 127). Diese Definitionen gelten zunächst für die Ideologien des 18. und 19. Jahrhunderts. In einer historisch-genetischen Typologie stellt Kurt Lenk diese als Hochideologien heraus. Sie zeichnen sich noch durch ein hohes Maß an Rationalität und Konsistenz aus. Die Vernunft als Basis der Ideologie ist die Voraussetzung für Ideologiekritik, da sie überhaupt erst eine »Konfrontation der Ideologie mit ihrer eigenen Wahrheit« (Adorno 1972, 465) zulässt. Als *Rechtfertigungsideologien* versuchen sie auf rationaler Basis die gesellschaftlichen Verhältnisse zu beleuchten. Der politische Liberalismus, den Lenk in diesem Zusammenhang exemplarisch anführt, versprach den einzelnen, ihr Glück verwirklichen zu können, wenn sie nur genügend Leistung zeigen – was schließlich im Wohle aller, dem Gemeinwohl, wirken würde (vgl. Lenk 1971, 26). Bereits in der zweiten Hälfte des 19. Jahrhunderts war diese Rechtfertigung der Verhältnisse jedoch durch die offenkundige Nichteinlösung dieses Versprechens brüchig geworden. In der Folgezeit, besonders im 20. Jahrhundert, bildeten sich andere Typen von Ideologien heraus, die sich nicht mehr vordergründig auf Rationalität und Konsistenz gründeten. Lenk reagiert mit seiner Typologie auf die Analysen Adornos. Darin bekräftigte Adorno 1954 zunächst, dass der Nationalsozialismus keine Ideologie gewesen sei, da dieses Gedankengut jeglicher rationaler Grundlagen entbehrte und lediglich ein offen ersichtliches Herrschaftsmittel dargestellt hätte. Im Übrigen sei die Zeit der Ideologien vorbei, da die Machtverhältnisse – im Gegensatz zur allgemeinen Annahme in den 1950er-Jahren – nicht mehr stark vermittelt und undurchsichtig seien. Es existierten an ihrer statt nur noch Verfallsformen (vgl. Adorno 1972, 465-467). Dieser Verengung des Ideologiebegriffs auf die Rechtfertigungs- bzw. Hochideologien des 18. und 19. Jahrhunderts setzt Kurt Lenk eine Analyse des Verfallsprozesses entgegen, aus der er drei weitere Typen von Ideologien ableitet (vgl. Lenk 1971, 24-36; ders. 1994, 27-41).

*Komplementärideologien* erkennen, wie die Rechtfertigungsideologien, die widersprüchlichen und antagonistischen gesellschaftlichen Verhältnisse an. Sie legitimieren diese jedoch nicht auf rationaler Basis als beste aller möglichen, sondern liefern Erklärungen für die schlechten Seiten des Kapitalismus. Diese werden ihm nicht angelastet, sondern etwa auf Wesensgesetze des menschlichen Daseins oder ähnliches zurückgeführt. Damit werden die gesellschaftlichen Verhältnisse indirekt affirmiert, da der aus ihnen resultierende gesellschaftliche Mangel der Kritik entzogen wird. Religionen sind ein Beispiel für Komplementärideologien, aber auch der Konservativismus. Sie postulieren an Werte gebundene Idealsphären, um den reellen Mangel der gesellschaftlichen Verhältnisse zu kompensieren. Ihren Anhängenden dient sie demnach als ›Lebenshilfe‹.

Als *Verschleierungsideologie* bezeichnet Lenk ein Vorstellungssyndrom, das allein und mit anderen Ideologien auftreten kann. Ihre Funktion ist es – besonders in Krisenzeiten –, von einer Kritik an den gesellschaftlichen Verhältnissen abzulenken, indem sie Minderheitengruppen als Aggressionsobjekte zur Verfügung stellt. Der Antisemitismus des letzten Drittels des 19. Jahrhunderts wäre als Ausformung einer Verschleierungsideologie zu fassen: Die judenfeindlichen Stereotype des ›jüdischen Bankiers‹ oder des ›jüdischen Finanzkapitals‹ verschleierten die sozioökonomischen Bedingungen der damaligen Krisen.

Den letzten Typus der Lenkschen Typologien stellt die *Ausdrucksideologie* dar. Als Beispiel dient Kurt Lent der Nationalsozialismus. Ausdrucksideologien sind ihm zufolge Gemeinschaftsideologien, deren Struktur durch ein Gemenge an Mythen gebildet wird. Innerhalb dieser unhinterfragt vorausgesetzten, mythischen Gebilde, die gesellschaftlich vorhandene Widersprüche – etwa Klassengegensätze – verschleiern, sind bereits die politischen Forderungen der Anhängenden von Ausdrucksideologien enthalten. Die Funktion dieser Ideologien ist das Heilsversprechen gegenüber den widersprüchlichen Verhältnissen spätkapitalistischer Gesellschaften: Innerhalb der (wieder) zu errichtenden mythischen Gemeinschaftsgebilde Volk, Nation oder Rasse sollen alle diese gesellschaftlichen Widersprüche aufgehoben sein. Einen rationalen Bezug gibt es innerhalb des Mythengeflechts nicht mehr, die emotionale Ansprache von Triebschichten ist darin wichtiger als das Argument. Theorien finden in diesen Ideologien nur dann eine Anwendung, wenn sie die mythologischen Grundannahmen bestätigen: »Hier wird nicht mehr argumentiert und gerechtfertigt, es muß geglaubt werden.« (Lenk 1971, 31) Um ihr Ziel möglichst bald zu erreichen, drängen Ausdruckideologien zur politischen Aktion. Sie nutzen komplementär zum Gemeinschaftsmythos ein manichäisches Freund-Feind-Denken (vgl. ebd., 143), das die Stoßrichtung der Aktionen vorgibt. Dabei werden sowohl ›äußere‹ als auch ›innere‹ Feinde konstruiert, die der Ableitung bestimmter Ängste dienen, die aus den Krisen der Rechtfertigungsideologie des Liberalismus entstehen. Gegen diese drängen Ausdrucksideologien zur führergeleiteten, machtvollen Widerstandsaktion:

> »Der ökonomisch und sozial verunsicherte Bürger überantwortet seine individuellen Machtvorstellungen, sobald sie sich nicht mehr in der monopolisierten, organisierten Gesellschaft realisieren lassen, einem Übersubjekt, der Nation, dem Volk oder dessen Führer. Gesellschaftliche Erfahrungen, insbesondere politisch und sozial produzierte Ohnmachtsgefühle, führen zur Flucht in ein Übersubjekt, werden nun durch die Zugehörigkeit zu diesem Übersubjekt aufgehoben, d.h. negiert.« (Lenk 1994, 36)

In diesem Sinne wäre die Überzeugung von ›Reichsbürgern‹, ›Selbstverwaltern‹ und ›Souveränisten‹, dass die Bundesrepublik Deutschland Instrument einer Verschwörung sei oder dass eine Verschwörung gegen die Deutschen stattfinden würde, als eine verschwörungszentrierte Ausdruckideologie bzw. *Verschwörungsideologie* zu begreifen – auch beharrliches Widerlegen dieser Vorstellungen bringt die Menschen innerhalb dieses Milieus nicht zu einem Überdenken der eigenen Positionen. Sie stellt Lenk folgend eine regressive Krisenbewältigungsstrategie dar. Es bleibt also nachfolgend zu klären, welche Merkmale die besondere Verschwörungsideologie dieses Milieus besitzt.

## ›Weltverschwörung gegen die Deutschen‹

Um den Inhalt der besonderen Verschwörungsideologie aufzuzeigen, gilt es zunächst, ihre Identitätskonstruktionen, also die in ihr enthaltenen Selbst- bzw. Freund- und Feindbilder, zu analysieren. Wenden wir uns zunächst den Selbstbildern zu. In den Erzählungen von ›Reichsbürgern‹ und ›Selbstverwaltern‹ wird die Verschwörung gegen das Volk durchgeführt, zu dem sich die Verschwörungsideolog*innen zählen. Besonders bei ›Reichsbürgern‹ fällt jedoch auf, dass es sich dabei explizit um das *deutsche* Volk handelt. Auch bei den anderen Gruppierungen und Einzelpersonen des Milieus ist ein solcher Bezug auf das deutsche Volk festzustellen. Dies zeigt sich etwa daran, dass innerhalb des Milieus sehr häufig rechtspopulistische, extrem rechte und rassistische Nachrichten und Meldungen geteilt und verlautbart werden.

Die Feindbilder innerhalb des Milieus sind entsprechend die vermeintlichen Verschwörer*innen, die sich zunächst durch ihr Handeln gegen das deutsche Volk auszeichnen. Sie sind in diesem Sinne ›anti-deutsch‹. Der Blick auf die Narrative dieser Ideologie offenbart, dass sich die Anhänger*innen darüber hinaus nicht mit einer einfachen Verschwörung zufriedengeben. Um ihrem Selbstbild gerecht zu werden, muss die Verschwörung das Ausmaß einer Weltverschwörung annehmen. So lässt sich die gemeinsame Identitätskonstruktion des Milieus folgendermaßen darstellen: Dem deutschen Volk steht eine ›Weltverschwörung gegen die Deutschen‹ gegenüber.

## Warum glauben Menschen an die ›Weltverschwörung gegen die Deutschen‹?

Die ›Weltverschwörung gegen die Deutschen‹ ist, wie sich bereits gezeigt hat, nach der Typologie Kurt Lenks eine Verschwörungsideologie, die mit Bezug auf ›Reichsbürger‹ eine besondere deutsche Spezifik aufweist. Damit kommen dieser Ideologie zunächst die allgemeinen Funktionen einer Verschwörungsideologie zu, die um einige Besonderheiten für die deutsche Zielgruppe erweitert werden können. Ebenso verhält es sich mit den Ursachen, deren spezifischen Entwicklungen in der deutschen Geschichte an späterer Stelle aufgezeigt werden (siehe Abschnitt *Historische Ursprünge*).

### Funktionen von Verschwörungsideologien

Als verschwörungszentrierten Ausdrucksideologien kommt Verschwörungsideologien die Funktion zu, Heilsversprechen gegenüber den widersprüchlichen Verhältnissen spätkapitalistischer Gesellschaften bereit zu stellen. Das manichäische Freund-Feind-Bild bietet Anhängenden eine Identitätsfunktion. Gefühlen der Vereinzelung und Unbestimmtheit setzen Verschwörungsideologien klare Gruppen entgegen. Sie bieten ihren Anhänger*innen Feind- und Selbstbilder zur Identifikation. Die Beschreibungen der eigenen und der gegnerischen Gruppe sind in einem dualistischen Weltbild verbunden, das keinen Raum für Zweifel, Widersprüche und Ambivalenzen bietet. Die Einteilung und Beschreibung beider Gruppen wird parallel vorgenommen, die Gruppen stehen in einem wechselseitigen Verhältnis zueinander.

Tabelle 1 benennt einige allgemeine Eigenschaften die Verschwörungsideologien zufolge beiden Gruppen, die im dualistischen Weltbild verbunden sind, zuzuordnen sind. Nicht alle Zuordnungen werden von allen Verschwörungsideologien geteilt. Die wichtigste Dichotomie dürfte diejenige zwischen Gut und Böse sein, die in der später beschriebenen Verschwörungsmentalität eine wichtige psychologische Rolle spielt. Wenn Anhängende einer Verschwörungsideologie sich nach diesem Muster eine widerspruchsfreie Identität erschaffen haben, sehen sie selbst sich und ihre Verbündeten als ›die Guten‹ an. Widersprechende Informationen und Personen werden von ihnen entweder ignoriert bzw. als zu missionierende oder ignorante ›Schlafschafe‹ angesehen, oder, um die eigene Identität widerspruchsfrei zu halten, als Teil der ›bösen‹ Verschwörung identifiziert. Dies bedeutet nicht, dass alle Eigenschaften, die als ›gute‹ im Selbstbild verortet werden, von außen gesehen grundsätzlich als negativ anzusehen sind. Einige umfassen durchaus Aspekte einer notwendigen Kritik der gesellschaftlichen Verhältnisse. Das Problem besteht in der dualistischen Entweder-oder-Trennung, die ein Sowohl-als-auch

**Tabelle 1**
**Auswahl verschwörungsideologischer Selbst- und Feindbildkonstruktionen**

| Selbstbild | Feindbild |
|---|---|
| Das Gute | Das Böse |
| Mehrheit<br>Volk, »Wir hier unten«<br>Kollektiv/Gemeinschaft | Minderheit<br>Nicht-Volk, Elite, »Die da oben«<br>Individuum/Gesellschaft |
| deutsch | nicht-/antideutsch |
| Opfer<br>Manipulierte<br>Betrogene | Täter<br>Manipulierende<br>Betrügende |
| Produktion (»echte Wirtschaft«)<br>Kapitalismuskritik<br>Kleinproduktion<br>tüchtig, körperliche Arbeit | Zirkulation (Geldwirtschaft, Banken, Zins)<br>Kapitalismus, Massenproduktion<br>faul, geistige Arbeit |
| idealistisch | materialistisch (gekauft/bezahlt) |
| arm | reich |
| anständig/sittsam/gottgefällig | pervers/sittenwidrig/satanisch |
| Unmittelbarkeit/Konkretes | Vermittlung/Abstraktes |

kategorisch ausschließt. Ein Beispiel, um dies zu verdeutlichen: Wenn eine Verschwörerin etwa Geld für ein Waisenhaus spendet, so kann dieser Vorgang zu Widersprüchen führen: Verschwörerin = böse; Spende an Waisenhaus = gut. Manche mögen sich dann sagen, dass die Person dann doch so schlecht wohl nicht sein könne oder differenziert werden müsse. Innerhalb von Verschwörungsideologien ergibt sich jedoch die Lösungsmöglichkeit dieser Spannungen, indem die Interpretation schlicht lautet: Dahinter steckt ein dunkler Plan! Denn wenn das Böse aufhören würde, das Böse zu sein, begänne in diesem dualistischen Weltbild auch die Fassade des Guten zu bröckeln. Die Identitätsfunktion muss in den Auseinandersetzungen mit Verschwörungsideologinnen und -ideologen eine besondere Aufmerksamkeit erfahren. Sie verdeutlicht irrationale Prozesse, denen nicht einfach mit Logik oder Gegenargumenten begegnet werden kann. In diesem Zusammenhang sei an den Einwand Kurt Lenks erinnert, dass Ausdrucksideologien sich nicht auf rationale Argumente, sondern auf Glauben stützen. Für die sozialpsychologische Ebene beschreibt der Politikwissenschaftler und Antisemitismusforscher Samuel Salzborn diese Prozesse von Verschwörungsideologien unter Rückgriff auf die Erkenntnisse Sigmund Freuds folgendermaßen:

> »Dabei geht es um Phantasien von einer regredierten Welt, dem Traum von einem harmonischen und widerspruchsfreien Selbst, in dem alles nur einer Logik gehorcht, nämlich der eigenen – keine Widersprüche, keine Ambivalenzen, nur Identität.« (Salzborn 2016, 363)

## *Ursachen für verschwörungsideologisches Denken*

Entgegen der verbreiteten Vorstellung, es handele sich bei Verschwörungsideolog*innen *ausschließlich* um paranoide, psychisch kranke Personen, sind aus wissenschaftlicher Perspektive vornehmlich gesellschaftliche und individuelle Ursachen für die Akzeptanz von Verschwörungsideologien verantwortlich. Dabei darf jedoch nicht übersehen werden, dass diese Ideologien zum einen wahnhafte Elemente enthalten und zum anderen zu Psychopathologien führen können.

Nicht alle Menschen sind aufgrund ihrer Psyche anfällig für den Glauben an Verschwörungsideologien. Als individuelle Ursache für den Glauben an eine Verschwörungsideologie wird eine *Verschwörungsmentalität* als Teil der psychischen Strukturen bestimmter Menschen angenommen. Menschen mit einer Verschwörungsmentalität müssen nicht jederzeit offen Verschwörungsideologien vertreten. Ihre Anfälligkeit für dieses Denken kann sich auch verdeckt in einzelnen Einstellungen äußern. Die Verschwörungsmentalität ist Teil von autoritären Charakterstrukturen, die in den Studien zum autoritären Charakter des Instituts für Sozialforschung in den USA beschrieben wurden. Demzufolge ist die Verschwörungsmentalität mit der Variable Projektivität verbunden. Projektivität bezeichnet innerhalb der psychoanalytisch begründeten Sozialpsychologie ein Abwehrverhalten, bei dem eigene unterdrückte Triebimpulse auf andere Menschen projiziert werden, um sie anschließend bei ihnen anzuklagen (vgl. Adorno 1995; Imhoff/Decker 2013). Das bedeutet, dass einer Verschwörungsideologie Anhängende den vermeintlichen Verschwörer*innen etwas neiden, das sie bei den Anderen zu entdecken glauben, sich selbst aber versagen: Sei es Hypersolidarität untereinander, glücklich sein zu können, nicht hart arbeiten zu müssen, sich sexuell ausleben zu können, aber auch der eigenen Grausamkeit keinen Riegel vorschieben zu müssen, andere unterjochen zu können etc.

Neben den individualpsychologischen bilden die *gesellschaftlichen Ursachen* die Grundlage für Verschwörungsideologien. Sie werden durch gesellschaftliche Krisen befördert. Verschwörungsideologien stellen eine Möglichkeit dar, Halt in einer sich stetig verändernden Welt zu finden. Leo Löwenthal und Norbert Guterman haben dazu, unter notwendigem Verweis auf die daran geknüpften antisemitischen Feindbilder, in ihrer Studie *Falsche Propheten* passend formuliert:

> »Der entlassene Angestellte, der Liebhaber, der einen Korb bekommen hat, der über Nichtbeförderung unzufriedene Soldat, der durchgefallene Student, der kleine Krämer, den die Konkurrenz aus dem Geschäft verdrängt hat – all diese Leute werden nur allzugern mysteriösen Kräften und einem obskuren bösen Willen die Schuld zuschreiben. Die Tendenz enttäuschter Leute, sich als Zielscheibe mächtiger Feinde zu empfinden, sollte uns nicht nur mit der Assoziation ›Paranoia‹ – ›Verfolgungswahn‹ – reagieren lassen. Oft sind derartige Verdächtigungen nicht ohne eine objektive Berechtigung in einer Welt, in der die individuelle Wirkungssphäre immer stärker durch anonyme, soziale Kräfte beschränkt wird. Unsere tägliche Existenz wird in der Tat durch Entwicklungen beeinflußt, deren Ursachen schwer zu begreifen sind. Wie begreiflich ist da die Wißbegier vieler Menschen nach dem, was sich hinter den Kulissen abspielt.« (Löwenthal 1990, 39f.)

Diese sozialen Missstände greifen Agitatorinnen und Agitatoren in ihrer Agitation auf. Dazu können sie Reden halten, Bücher schreiben, Beiträge in sozialen Netzwerken veröffentlichen oder gleich eigene Medien mit Zeitschriften, Fernseh- und Radiosendern gründen. Grundsätzlich geht es darum, einer breiten Öffentlichkeit die eigenen Verschwörungsideologien zu präsentieren, darin bestimmte Gefühle und Beschwerden der Bevölkerung (vgl. ders.) aufzugreifen und zu ordnen, um schließlich die eigene Gefolgschaft zu bestimmten Handlungen zu motivieren. Das Internet ist hierfür ein wichtiges Mittel.

## Typologie und Geschichte der Gruppierungen des Milieus

Eine erste differenzierte Darstellung des Milieus der ›Reichsbürger‹ und ›Selbstverwalter‹ bietet der Kriminalpsychologe Jan-Gerrit Keil. Er unterscheidet anhand von strafrechtlich relevanten Vorfällen in Brandenburg zwischen vier Gruppen:

- Traditionell nationalistische ›Reichsbürger‹
- ›Selbstverwalter‹
- Monarchen und Stifter von Reichen und Fürstentümern
- Milieumanager

In die Gruppe der *traditionell nationalistischen ›Reichsbürger‹* fasst Keil diejenigen, welche die Bundesrepublik Deutschland ablehnen und von der Fortexistenz eines Deutschen Reiches überzeugt sind. *›Selbstverwalter‹* hingegen teilen lediglich die erste Annahme und sind in der Folge davon überzeugt, aus der Bundesrepublik Deutschland aussteigen und sich unter ›Selbstverwaltung‹ stellen zu können. Davon trennt Keil die Gruppen der *Monarchen und Stifter von Reichen und Fürstentümern* sowie der *Milieumanager*. Erstere Bezeichnung soll auf Menschen verweisen, die ihre Scheinstaaten in pseudofeudalen Strukturen organisieren und einen stärkeren Bezug zur Esoterik und sektenartigen zwischenmenschlichen Beziehungen aufweisen. Die *Milieumanager* wären schließlich organisatorisch und finanziell in das Milieu eingebunden und schlagen Profit aus dem Milieu (vgl. Keil 2015).
Die Einteilungen Jan-Gerrit Keils bietet die Grundlage für die nachfolgende Typologisierung anhand ideologischer Grundannahmen der Gruppen und Einzelpersonen innerhalb des Milieus. Damit wird auch die anfänglich vorgestellte einfache Trennung von ›Reichsbürgern‹ und ›Selbstverwaltern‹ erweitert. Zwar benennt Keil als Gemeinsamkeit die Staatsleugnung der Gruppierungen und verkennt die ihr zugrundeliegende Verschwörungsideologie, dadurch ergeben sich allerdings keine Veränderungen der durch diese Annahme vereinten Gruppierungen und Einzelpersonen. Wie in Tabelle 2 abgebildet, lassen sich vier Obergrup-

Tabelle2

**Typologie des verschwörungsideologischen Milieus aus ›Reichsbürgern‹, ›Selbstverwaltern‹, ›Souveränisten‹**

| | **Rechtsextreme seit 1945** | **»Reichsbürger«** | **»Selbstverwalter«** | **»Souveränisten«** |
|---|---|---|---|---|
| **Ideologische Klammer** | Deutschland wird von einer fremden Macht beherrscht, die im Hintergrund die Fäden zieht | | | |
| **Zentrale Ideologeme** | • BRD kein legaler/legitimer Staat<br>• Deutsches Reich existiert | | • BRD kein legaler/legitimer Staat | • Deutschland nicht souverän |
| **Beispiele** | • Sozialistische Reichspartei<br>• Teile der Vertriebenenverbände<br>• Teile der NPD<br>• Manfred Roeder<br>• Deutsches Kolleg<br>• Horst Mahler/Sylvia Stolz | • Kommissarische Reichregierung (KRR)<br>• Exilregierung Deutsches Reich | • Germanitien<br>• Königreich Deutschland<br>• »(Re-)aktivierte Gemeinden«<br>• OPPT-Anhängende | • COMPACT Magazin<br>• Teile der AfD<br>• Teile von Pegida |

pen feststellen. Aufgrund der Heterogenität innerhalb des Milieus handelt es sich um eine idealtypische Unterteilung.

Die erste Kategorie der *Rechtsextremen seit 1945* bildet die historischen Ursprünge der ›Reichsbürger‹ ab. In ihr werden extrem rechte Gruppen und Einzelpersonen gefasst, die seit 1945 an der Kampagne zur Wiederherstellung des Deutschen Reiches in den Grenzen von 1937 bzw. 1939 beteiligt waren und sind. Sie unterscheiden sich von der zweiten Kategorie der ›Reichsbürger‹ dadurch, dass sie in klassischen extrem rechten Strukturen organisiert sind und sich in ihrem Handeln auch besonders an diese richten. Darüber hinaus ist ein offener Bezug auf das ›Dritte Reich‹ und antisemitische Stereotype hier sehr häufig anzutreffen. Unter ihnen gibt es auch Menschen, die sich als ›Reichsbürger‹ bezeichnen. Ihre Verortung innerhalb der extremen Rechten trennt sie jedoch von denjenigen, die aktuell unter diesem Begriff gefasst werden. Die Kategorie der *›Reichsbürger‹* beinhaltet diejenigen, die in der Traditionslinie der *Kommissarischen Reichsregierung (KRR)* Wolfgang Gerhard Günter Ebels bereits in einem Deutschen Reich zu leben glauben und deren Identitätskonstruktionen und Handlungen maßgeblich von ihrer ›Reichsregierung‹ bestimmt werden. Ihre vermeintlichen Argumentationen umfassen den Bezug auf andere Gesetzes- und Vertragswerke die parallel zu und/oder anstelle von bundesrepublikanischer Gesetzgebung Gültigkeit besitzen sollen (SHAEF-Gesetze, Haager Landkriegsordnung etc.). Die Gruppierungen innerhalb dieser Kategorie können sehr heterogen ausfallen, da es ständig zu Spaltungen und Neugründungen kommt. Menschen aus der Gruppe der *›Selbstverwalter‹* lehnen die Bundesrepublik Deutschland ab, gründen Scheinstaaten oder erklären sich zu souveränen Menschen. Der Bezug auf eine sofortige Errichtung eines Deutschen Reiches ist nicht für alle ›Selbstverwalter‹ bestimmend. Mit den vorherigen Gruppen teilen sie lediglich die Ablehnung der Bundesrepublik Deutschland. Eine Schnittstelle zu den extrem rechten Einstellungen der ›Neuen Rechten‹, dem Konservativismus und bundesrepublikanischen Nationalismus bildet schließlich die Gruppe der *›Souveränisten‹*. Ihre Praxis ist nicht von der vermeintlichen Gründung Deutscher Reiche oder von Selbstverwaltungen bestimmt. Ihr vornehmliches Anliegen besteht darin, eine vermeintlich fehlende Souveränität Deutschlands wiederzuerlangen. Ob dieses Deutschland identisch mit der Bundesrepublik ist, bleibt bewusst vage. Die offenen Bezüge verweisen auf ein Deutschland und ein deutsches Volk. ›Souveränisten‹ nutzen für ihre Ziele auch legalistische Strategien. Im nachfolgenden Abschnitt gilt es nachzuzeichnen, welche geschichtlichen Entstehungsprozesse mit den ideologischen Grundannahmen der unterschiedlichen Typen verbunden sind.

## Historische Ursprünge und ideologische Grundlagen

Die historische Entwicklung lässt sich in drei zeitliche Abschnitte einteilen, innerhalb derer die einzelnen Typen ihre ideologische Basis festigten und erste Handlungen daraus ableiteten. Dabei gibt es besonders ab den 1980er-Jahren parallele Entwicklungen und Wechselwirkungen. Der der organisierten extremen Rechten verpflichtete Teil der ›Reichsbürger‹ ist mit deren Geschichte seit dem Ende des Ersten Weltkrieges und der Weimarer Republik verbunden. Jüngere ›Reichsbürger‹-Gruppierungen begründen sich auf der *Kommissarischen Reichsregierung (KRR)* um den Westberliner Wolfgang Gerhard Günter Ebel. Er prägte maßgeblich das vermeintliche Regierungshandeln und die praktische Auseinandersetzung großer Teile des Milieus mit der Bundesrepublik Deutschland. ›Selbstverwalter‹ beziehen sich stärker auf US-amerikanische Vorbilder, greifen jedoch auch die ›Argumentationen‹ der anderen Gruppierungen auf.

Die ideologische Grundlage, auf der das Milieu aufbaut, ist in allen Fällen der antisemitische Mythos der ›jüdischen Weltverschwörung‹, ohne den die Ausdrucksideologie der ›Weltverschwörung gegen die Deutschen‹ ihres zentralen Inhalts beraubt wäre. Die Verschwörungsideologie des Milieus der ›Reichsbürger‹, ›Selbstverwalter‹ und ›Souveränisten‹ ist keine Neuschöpfung. Sie basiert auf dem Mythos einer ›jüdischen Weltverschwörung‹, der seit dem Mittelalter in christlichen Gesellschaften und später auf der ganzen Welt mittels der *Protokolle der Weisen von Zion* verbreitet wurde.

### Der Mythos der ›jüdischen Weltverschwörung‹

Antisemitismus und Verschwörungsideologien sind eng miteinander verbunden. Die Weltverschwörungsideologie gibt Antisemitismus eine Welterklärungsfunktion, während Antisemitismus der Weltverschwörungsideologie eine stereotypbehaftete Verschwörungsgruppe liefert. Auch wenn Jüdinnen und Juden nicht offen als böse Verschwörer*innen bezeichnet werden, finden zumeist bestimmte Feindbilder in deren Beschreibung eine Anwendung, die auf traditionellen Judenbildern aufbauen. In weiten Teilen der Erde entwickelten Nichtjüdinnen und Nichtjuden eine Vielzahl negativer, gegensätzlicher und mythischer Bilder von ›den Juden‹. In antisemitischen Stereotypen sind diese Bilder auch heute noch präsent. Der Mythos der ›jüdischen Weltverschwörung‹ stellt eine komplexe Verknüpfung vieler dieser Stereotype dar, deren Ursprung in der Auseinandersetzung und Abgrenzung des Christentums mit seinen jüdischen Wurzeln liegt.

## *Christlicher Ursprung des Mythos der ›jüdischen Weltverschwörung‹*

Das Christentum ging aus innerjüdischen Konflikten um die Anerkennung Jesus von Nazareths als Messias hervor. Jüdinnen und Juden in der Diaspora nahmen aus diesem Grund eine besondere und ambivalente Stellung in den christlichen Gesellschaften ein. So galt einerseits ein ›Judenschutz‹, der gewährleisten sollte, dass Jüdinnen und Juden zur christlichen Endzeit zugegen seien, um ihren Fehler einzugestehen und Jesus ebenfalls als Messias anzuerkennen. Andererseits wurde innerhalb des Christentums das antijüdische Stereotyp des ›Gottesmord‹-Vorwurfs verbreitet. Daraus resultierten immer wieder Gewaltakte gegen jüdische Gemeinden wie Zwangstaufen, Vertreibungen, Morde und schließlich auch Pogrome. Gleichzeitig erfolgte die Diskriminierung von Jüdinnen und Juden auch auf andere Arten. So wurden sie im Laufe der Zeit aus vielen Arbeitsfeldern der antiken und mittelalterlichen Gesellschaften verbannt. Gleichzeitig ermöglichte das christliche Zinsverbot Juden, diese gesellschaftlich notwendige Aufgabe zu übernehmen. Dieser gesellschaftliche Prozess wurde vom Aufkommen des antijüdischen Stereotyps des gierigen, betrügerischen Wucherers begleitet.

Dem Abgrenzungsbedürfnis der historisch jüngeren Religion diente auch die Sonderstellung des Judentums innerhalb der christlichen Endzeitlehre. Der Historiker Johannes Heil hat die Entstehung des Mythos der ›jüdischen Weltverschwörung‹ und seiner Vorbedingungen im Mittelalter nachgezeichnet (vgl. Heil 2006). So entwickelten Christen im ersten Jahrtausend u.Z. eine Erzählung vom apokalyptischen Ende ihres und dem Anbruch eines neuen, besseren Zeitalters. Darin spielte die Figur des Antichristen eine tragende Rolle. Als Gegenspieler Jesus von Nazareths würde er die Christ*innen mit falschen Lehren verführen und letztlich nach dem Leben trachten. Die Apokalyptiker prophezeiten die Errichtung einer Gewaltherrschaft über die Christ*innen, bis diese und der Antichrist schließlich durch die Wiederkehr Jesus' entmachtet werden und das neue Zeitalter anbrechen würde. Bereits im dritten Jahrhundert assoziierten Kirchenväter in theologischen Schriften das Judentum mit dem Antichristen. Obwohl im Laufe der Jahrhunderte auch andere Gruppen, etwa Herätiker*innen oder Tatar*innen, als Handlanger und Verbündete des Antichristen dargestellt wurden, überdauerten die Anschuldigungen gegen Jüdinnen und Juden in dieser Erzählung. Da das Wirken des Antichristen die gesamte Welt umspannen sollte, entstand in diesem Zusammenhang der Mythos einer ›jüdischen Weltverschwörung‹, in dem Jüdinnen und Juden stets weitere negative Stereotype zugeschrieben wurden. In der Vorstellung der Christ*innen des Mittelalters führten Jüdinnen und Juden im Zuge dieses geheimen Planes Ritualmorde an christlichen Kindern durch, schändeten Hostien und vergifteten schließlich die Brunnen. Vom Hochmittelalter bis zum Spätmittelalter vollzog sich ein Wandel von sakralen Verbrechensvorwürfen (Hostienfrevel) hin zu weltlichen (Brunnenvergiftung). Dies spiegelte den gesellschaftlichen Rückgang der Bedeutung des Religiösen, also der Säkularisierung, wider. Hatte zunächst in den Geschichten noch Gott selbst diese Verbrechen gesühnt, sahen sich im Spätmittelalter Menschen dafür verantwortlich. Mit dem Rückgang des Religiösen verschwanden schließlich auch Jüdinnen und Juden aus ihrer funktionalen Rolle in den Erzählungen um den Antichristen. Was blieb, waren die Mythen um eine ›jüdische Weltverschwörung‹, nun jedoch ohne die Erzählung eines Anbruchs eines heilbringenden neuen Zeitalters. Da aufgrund der Säkularisierung auch die Erzählung des Sieges der guten Kräfte Jesus' über die bösen des Antichristen verloren ging, drohte nun die ›jüdische Weltverschwörung‹ nicht mehr ein notwendiger Leidensweg zum paradiesischen neuen Zeitalter zu sein, sondern eine ewige Hölle auf Erden ohne Aussicht auf Erlösung. Dieses apokalyptische Motiv schwingt noch immer unter der Oberfläche der säkularisierten Version des Mythos der ›jüdischen Weltverschwörung‹ mit (vgl. Heil 2006, 536f.).

### *Moderner Antisemitismus und die Protokolle der Weisen von Zion*

Die Säkularisierung war Ausdruck gesellschaftlicher Modernisierungsprozesse. Die bürgerlichen Revolutionen ab dem 17. Jahrhundert setzten dem Feudalismus nach und nach ein Ende. Für Kontinentaleuropa war dabei besonders die Französische Revolution von 1789 prägend. Ihr Zustandekommen wurde von monarchistisch-christlichen Kreisen von Beginn an mittels einer freimaurerischen Verschwörung begründet. Diese Erzählung erweiterten diese Kreise sehr bald um den mittelalterlichen Mythos der ›jüdischen Weltverschwörung‹: Der Mythos der ›jüdisch-freimaurerischen‹ Weltverschwörung war geboren. Wie wichtig in diesem Zusammenhang die antijüdischen Elemente waren, zeigt sich darin, dass Freimaurer innerhalb dieser Erzählungen schließlich als ›künstliche Juden‹ bezeichnet wurden. Der Mythos verbreitete sich in ganz Europa wie auch in Nordamerika (vgl. Rogalla von Bieberstein 1992). Die Modernisierungsprozesse brachten auch eine neue Form der Feindschaft gegen Jüdinnen und Juden hervor, den modernen Antisemitismus. Der traditionelle Antijudaismus war religiös motiviert, Jüdinnen und Juden wurden wegen ihrer Zugehörigkeit zum Judentum gehasst. Eine solche Religionszugehörigkeit lässt sich prinzipiell aber ändern (sofern die Konversion von der anderen Religionsgemeinschaft vollständig akzeptiert wird). Im sogenannten modernen Antisemitismus wurde diese Möglichkeit jedoch genommen, indem Jüdinnen und Juden eine Andersartigkeit unterstellt wurde, die sie von Geburt aus von anderen Menschen unterscheiden würde. Eine Assimilierung oder Konversion war in dieser Vorstellung nicht mehr möglich. Die Annahme einer solchen Andersartigkeit begründete den rassistischen Antisemitismus, der ab dem 19. Jahrhundert – der Ausdifferenzierung der Wissenschaften entsprechend – auch pseudowissenschaftlich begründet wurde. Die stereotypen Zuschreibungen wurden somit also an den Menschen selbst und nicht an der religiösen Zugehörigkeit festgemacht. Im Zuge dieser Entwicklungen wandelten sich die bereits vorhandenen Stereotype und neue kamen hinzu. So wurden Jüdinnen und Juden für die negativen Anteile der gesellschaftlichen Modernisierung verantwortlich gemacht. Von den Gegner*innen der Moderne wurden und werden sie auch heute noch mit ihr gleichgesetzt: Als ›jüdisch‹ gelten in diesem Verständnis etwa individuelle Menschenrechte, Demokratie, Betonung des Individuums, die Herausbildung gesellschaftlicher Eliten, Massenmedien, Materialismus in Form des Kapitalismus und Kommunismus, Geld und abstrakter Reichtum (vgl. etwa Rensmann 2005, 25f.). In der Vorstellung der Anhänger*innen des Mythos bedienten sich die vorgeblich schwächlichen, aber schlauen Jüdinnen und Juden dieser Mittel in ihrer Verschwörung, um auf Kosten anderer zu leben und diese beherrschen zu können. All diese Stereotype der ›jüdischen Weltverschwörung‹ wurden schließlich in einem zentralen Dokument niedergeschrieben. Zum Ende des 19. Jahrhunderts entstand mit dem antisemitischen Plagiat der *Protokolle der Weisen von Zion* die Blaupause für alle modernen Weltverschwörungsideologien. Sie wurden zunächst im zaristischen Russland, nach der Oktoberrevolution und dem Ende des Ersten Weltkrieges auch weltweit verbreitet. Dabei ist bemerkenswert, dass selbst eine mit der weltweiten Verbreitung einhergehende Widerlegung der Inhalte der Protokolle als Plagiat ihre Popularität nicht schmälern konnte (vgl. Benz 2011). Der moderne Antisemitismus und die Protokolle der Weisen von Zion bilden die Grundlage für jene extrem rechten Bewegungen, auf die sich die Reichsideologie des Milieus bezieht.

## Extreme Rechte und ›Reichsbürger‹

Der Mythos der ›jüdischen Weltverschwörung‹ bot seit dem Mittelalter die Möglichkeit, alles Übel in der Welt durch vermeintliche jüdische Machenschaften und dunkle Pläne zu erklären und sich gleichzeitig auf die Seite der guten Mehrheit zu stellen. Diese Funktion erfüllt der Mythos weiterhin in sich modernisierenden

Gesellschaften. Die fortschreitende rechtliche Gleichstellung der Jüdinnen und Juden in den europäischen Staaten seit der Französischen Revolution, die sogenannte Judenemanzipation, wurde innerhalb der sich modernisierenden Gesellschaften Europas als ›Judenfrage‹ verhandelt. Ganz im Sinne der ›jüdischen Weltverschwörung‹ wurde gefragt, ob Juden überhaupt für eine christliche Nation eintreten könnten, da ihre Loyalität vermeintlich zuerst der eigenen Religionsgemeinschaft gelten würde. Die rechtliche Gleichstellung von Jüdinnen und Juden mit der Gründung des Kaiserreichs 1871 in Deutschland sowie die Identifizierung des Liberalismus als ›jüdisch‹, veranlassten schließlich den deutschen Anarchisten Wilhelm Marr zu einer Vielzahl antisemitischer Handlungen. Seine 1879 gegründete *Antisemitenliga* stellt die erste öffentliche Nutzung des Begriffs Antisemitismus als Selbstbeschreibung in rassistischer und verschwörungsideologischer Absicht dar. Marr verfasste mehrere antisemitische Schriften, die einen wesenhaften Gegensatz zwischen Germanentum und Judentum behaupteten (vgl. etwa Schwarz-Friesel/Reinharz 2013: 81f.). Marrs Handeln steht beispielhaft für den Antisemitismus des Deutschen Kaiserreiches (1871-1918) und die Fixierung auf Jüdinnen und Juden bei der Frage nach einer deutschen Identität.

### Deutscher Nationalismus, die Reichsideologie und das Feindbild der ›jüdischen Weltverschwörung‹

Die besondere Konstellation aus deutscher Niederlage im Ersten Weltkrieg, dem Widerstand gegen die Versailler Friedensverträge und der Verbreitung der Protokolle in Deutschland legte den Grundstein für die Ideologie der ›Weltverschwörung gegen die Deutschen‹ und die Reichsideologie. Das Reich, im Vorfeld des Weltkriegs Fixpunkt des Völkischen Nationalismus, war nach der Niederlage zum ›mythischen Sehnsuchtsort‹ geworden, in dem sich Motive der christlichen Endzeitvorstellung mit Ideen des Germanen- und Ariertums verbanden. Die Völkische Bewegung sah im nicht eindeutig bestimmten Reich einen Ort, der den Verwerfungen der Moderne entgegenstünde (vgl. Heller/Maegerle 2001, 54f.; Begerich 2015). Die in der Reichsideologie enthaltenen antimodernen und völkischen Elemente verbinden diese Vorstellungen mit dem modernen Antisemitismus.

Die Erschütterung der eigenen Identität durch die deutsche Niederlage befeuerte die antisemitische Verschwörungsideologie. So verbreitete sich bereits zum Kriegsende die verschwörungsideologische *Dolchstoßlegende*. Ihr zufolge hätten – neben der Sozialdemokratie – Jüdinnen und Juden die deutsche Niederlage zu verantworten, da sie den Frontsoldaten einen Dolch in den Rücken gestoßen hätten. In diesem Klima wurden schließlich auch *die Protokolle der Weisen von Zion* in mehreren Versionen und hoher Auflage von Antisemiten veröffentlicht. Bereits im Juni 1922 hatten Mitglieder der antisemitischen und völkisch-nationalistischen *Organisation Consul* auf Grundlage der Protokolle den Reichsaußenminister Walther Rathenau als Weltverschwörer identifiziert und ermordet. Die Protokolle übten einen prägenden Einfluss auf den Nationalsozialismus aus. Alfred Rosenberg, Chefideologe der NSDAP, gab selbst mehrere Auflagen heraus. Der völkischen Ideologie des Nationalsozialismus kamen dabei die Zuschreibungen der Jüdinnen und Juden als internationalistische Feinde des Volkes und der völkischen Nationalstaaten zupass. Im Vorwort der ersten Auflage schreibt Rosenberg im Jahr 1923: »Das 19. Jahrhundert bedeutet die Vorbereitung, das jetzige [20.; JR] die fast gelungene Vollendung eines uralten jüdischen Strebens, das vom ›Du sollst alle Völker fressen, die dein Gott dir geben wird‹, hinüberreicht bis in die Gegenwart. [...] Es ist Zeit, daß die Welt erwacht und den Zerstörern des völkischen Staatsgedankens ein für allemal das Handwerk legt.«[5] Dieser Ausschnitt verdeutlicht, wie die Ideologie der ›Weltverschwörung gegen die Deutschen‹ mit dem Reich, bei Rosenberg als ›völkischer Staatsgedanke‹ bezeichnet, verbunden ist. Die ›jüdische Weltverschwörung‹ wurde im Deutschland unter nationalsozialistischer Führung Teil der Herrschaftsideologie.

Eine weitere Strömung, die neben den verschwörungsideologischen Gruppierungen diese antisemitisch-rassistischen Vorstel-

---

5 Zitiert nach Rosenberg, A. (1933): *Die Protokolle der Weisen von Zion und die jüdische Weltpolitik*, 6. Aufl., München, S. 3f.

lungen ebenfalls teilte, bildeten die esoterischen Gruppen des ausklingenden 19. und beginnenden 20. Jahrhunderts. Diese gaben, etwa in der Theosophie und der späteren Ariosophie, den judenfeindlichen Stereotypen eine metaphysische Dimension zurück, die ihnen durch die Säkularisierung abhandengekommen waren. In der nationalsozialistischen Bewegung vertrat die Münchener *Thule-Gesellschaft* diese Weltanschauung, in der unter anderen Alfred Rosenberg und Julius Streich Mitglieder waren (vgl. Barth 2003, 53-56). Ihre Lehren wurden in rechten esoterischen Kreisen konserviert. Sie bilden noch immer die Brücke zwischen Esoteriker*innen und dem Milieu der ›Reichsbürger‹, ›Selbstverwalter‹ und ›Souveränisten‹.

### *Post-Holocaust-Antisemitismus und Weltverschwörungsideologie*

Die Niederlage des nationalsozialistischen Deutschlands und das von den Deutschen und anderen begangene Menschheitsverbrechen des Holocaust stellten die Proklamation von Reichsideologie und ›jüdischer Weltverschwörung‹ vor neue Herausforderungen. Als solche konnten sie in der postnationalsozialistischen, deutschen Gesellschaft nicht geäußert werden, ohne sich offen zum Antisemitismus zu bekennen und sich eventuell strafbar zu machen. So nutzten Antisemit*innen in der Folgezeit Codes und Chiffren, um sich antisemitisch zu äußern, strafrechtlich jedoch unantastbar zu sein. Der sprachliche Fokus wurde nun auf die Opfer der vermeintlichen Verschwörung gelegt. Zur Identifikation dienten neu geschaffene und alte Codes. Wurden in den Jahrhunderten vor dem Holocaust immer mehr Stereotype im Mythos der ›jüdischen Weltverschwörung‹ gebündelt und damit als jüdisch identifiziert, so wurde nach dem Holocaust dieses Bündel wieder aufgeschnürt und die darin enthaltenen Stereotype – vermeintlich ohne jüdischen Bezug – genutzt. So sprach man nun einerseits von der Weltverschwörung der ›geheimen Eliten‹, ›des Finanzkapitals‹ und der ›Neuen Weltordnung‹ (NWO) und andererseits von der ›Weltverschwörung gegen die Deutschen‹.

Die codierte und chiffrierte Kommunikation, die als *Umwegkommunikation* bezeichnet werden kann, ging mit Schuldabwehr und einer Täter*innen-Opfer-Verkehrung einher. Vor dem Hintergrund der Verbrechen des Holocaust hatte die Verschwörungserzählung erneut eine entlastende Funktion parat: War der Erste Weltkrieg durch den vermeintlichen ›Dolchstoß‹ der ›jüdischen Weltverschwörung‹ verloren worden, so wurde der Holocaust in der aktualisierten Version der ›jüdischen Weltverschwörung‹ verharmlost – oder offen antisemitisch – als Teil der ›Weltverschwörung gegen die Deutschen‹ geleugnet. Dies bot den Deutschen nicht nur eine Entlastung in der Auseinandersetzung mit der Verantwortung für beide Weltkriege und das Menschheitsverbrechen des Holocaust, sondern auch für die soziale Malaise moderner Gesellschaften. Es ist daher kein Zufall, dass die Ideologie der ›Weltverschwörung gegen die Deutschen‹, Reichsideologie und Holocaustleugnung zusammen auftreten.

## ›Revanchisten‹ und (Reichs-)Parteien

Die Überzeugung, das Deutsche Reich wäre der rechtmäßige Staat der Deutschen, überdauerte die Niederlage des Nationalsozialismus und die Gründung der Bundesrepublik Deutschland. Der Politikwissenschaftler Richard Stöss identifiziert innerhalb der organisierten extremen Rechten eine *Kampagne zur Wiederherstellung des Deutschen Reiches* seit dem Jahr 1945 (vgl. Stöss 2010, 31-46). Im Folgenden sollen herausragende Organisationen und Personen dieser Kampagne vorgestellt werden, die eine prägende Rolle für das Milieu inne hatten und noch immer inne haben. In diesem Zusammenhang sind auch extrem rechte Teile der Vertriebenenverbände von Bedeutung. Sie versuchten innerhalb der Bundesrepublik Deutschland Verwaltungsstrukturen ihrer Herkunftsgebiete aufrecht zu erhalten, etwa durch ›Exilregierungen‹ oder ›Exilparlamente‹ (vgl. Salzborn 2001, 140). Ein Beispiel hierfür ist die *Notverwaltung des Deutschen Ostens* (NDO). Sie wurde am 27. Oktober 1970 in Bonn auf einer ›verfassungsgebenden Nationalversammlung des Deutschen Ostens‹ der *Gemeinschaft Ost- und Sudetendeutscher Grundeigentümer und Geschädigter* (GOG) von ca. 2000 Vertriebenen konstituiert. Sie verstand sich als Exil-Regierung der verlorenen Ostgebiete und »Treuhänder des Deutschen Reiches« (zitiert nach o.A. 1971,

97) »in den Grenzen vom 31. Dezember 1939 (mit Ausnahme von Österreich)« (Schröder/Jelpke 1995, 535). Zur Propagierung ihrer Ideologie nutzte die Gruppierung eine eigene, zweimonatlich erscheinende Publikation. Wie der SPIEGEL im März 1971 berichtete, betrieb die NDO darüber hinaus in Schleswig-Holstein einen Piratensender namens ›Deutsches Reich‹ (vgl. o.A. 1971), der »unzensierte Meldungen aus der ganzen Welt« (ebd., 97) verbreiten sollte. Aus der GOG/NDO gingen weitere Abspaltungen hervor, wie etwa 1981 die *Gemeinschaft Deutscher Osten*, aus der heraus sich wiederum 1993 das *Deutsch-Russische Gemeinschaftswerk* gründet, dessen 2. Vorsitzender Manfred Roeder war. Ihr Ziel war die Umwandlung Kaliningrads zu einer »russisch-baltischen Republik« mittels Wiederansiedlung von »russlanddeutschen« Familien (vgl. Bauerschmidt et. al. 1996a, 350). Langfristig sollte so die Umwandlung der Republik in einen Freistaat Preußen gelingen.

Neben rechtsextremen Gruppierungen im Umfeld der Vertriebenenverbände widmeten sich auch Parteien der Wiederherstellung des Deutschen Reiches. Eine erste postnazistische Festschreibung der Reichsideologie findet sich in der von Nationalsozialisten um Fritz Dorls, Gerhard Krüger und Otto Ernst Remer im Jahr 1949 gegründeten *Sozialistischen Reichspartei* (SRP). Remer war eine herausragende Person innerhalb der bundesdeutschen extremen Rechten. Er engagierte sich nicht nur innerhalb der SRP für die Wiederherstellung des Deutschen Reiches, sondern leugnete ebenso den Holocaust und hatte über 50 Jahre lang enge Kontakte zu nationalen und internationalen ›revisionistischen‹ und holocaustleugnenden Kreisen (vgl. Wetzel 2010a).

Am 23. Oktober 1952 wurde die SRP als erste Partei der Bundesrepublik Deutschland vom Bundesverfassungsgericht wegen Verstoßes gegen die freiheitlich-demokratische Grundordnung verboten. Die Partei versuchte in ihrem Bezug auf den Nationalsozialismus zwischen der Idee und deren Umsetzung zu unterscheiden. Als zu rettende Idee galt der ›Deutsche Sozialismus‹, der den Einzelnen ein Aufgehen in der Volksgemeinschaft durch Unterordnung versprach. Dies sei jedoch in der Umsetzung des Nationalsozialismus auf einen Irrweg gekommen, der korrigiert werden müsse. Auf dieser Grundlage kam es auch zu einer Verurteilung des Holocaust. Der Politikwissenschaftler Gideon Botsch wertet dies jedoch als rhetorischen Akt vor dem Hintergrund des bereits drohenden Verbotsverfahrens (vgl. Botsch 2012, 576). Dies zeigt sich auch an den bereits erwähnten antisemitischen Einstellungen Otto Ernst Remers. Innerhalb des Parteiprogramms spielte der Antisemitismus vordergründig keine zentrale Rolle, was jedoch als Form von postnazistischer Umwegkommunikation durch Codes und Chiffren gedeutet werden kann. So galt der SRP die Bundesrepublik als Besatzungsinstrument der Westalliierten, während das Deutsche Reich weiterbestehen würde. Damit wurde das Reich nicht nur in seiner staatlichen und territorialen Dimension thematisiert, sondern auch die irrationale und mythische mit dem Reich verknüpfte Komponente abgerufen. Ihre Ideologie suchte die Partei auch in zahlreichen parteinahen Organisationen zu verbreiten. Die Mitglieder der 1952 ebenfalls verbotenen Jugendorganisation *Reichsjugend* waren maßgeblich an der Gründung der *Wiking-Jugend* im selben Jahr beteiligt, die bis zu ihrem Verbot 1994 die bedeutendste Jugendorganisation der organisierten extremen Rechten der Bundesrepublik Deutschland bleiben sollte.

Trotz der Verbote hielt sich die Reichsideologie innerhalb der deutschen organisierten extremen Rechten. So etwa in der 1950 als Konkurrenz zur SRP gegründeten *Deutschen Reichspartei* (DRP). Weniger radikal nationalsozialistisch orientiert, konnte die DRP jedoch nicht an die Erfolge ihrer Konkurrentin heranreichen. Auch nach dem Verbot der SRP blieb die Partei in ihrem Bemühen gefangen, einerseits eine legitime konservative Partei zu sein und andererseits ehemalige Nationalsozialist*innen an sich zu binden. Neben der angestrebten Rückkehr zum Kaiserreich vertrat die DRP erste Formen von Holocaustleugnung, wenn etwa innerhalb der Partei der Begriff der ›Auschwitzlüge‹ genutzt wurde. Zwei ihrer Mitglieder, Arnold Strunk und Paul Schönen, malten am 24. Dezember 1959 ›Deutsche fordern: Juden raus‹ sowie rote Hakenkreuze an die Außenmauer der gerade erst eingeweihten Kölner Synagoge. Damit gaben sie den Anstoß für die ›antisemitische Schmierwelle‹ von 1959/60 in der Bundesrepublik Deutschland. Die Partei entging mehrmals nur knapp einem Verbot. Letztlich konnte die Partei keine Wahlerfolge verbuchen. Ihre Funktionäre gründeten im Oktober 1964 die *Nationaldemokratische Partei Deutschlands* (NPD) als Nachfolgeorganisation (vgl. Thoma 2012).

Auch innerhalb der NPD wurde die Reichsideologie weiterhin vertreten. So äußerte etwa der langjährige Bundesparteivorsitzende (1996-2011) und Mitglied des Europäischen Parlaments (seit 2014), Udo Voigt, im Jahr 2000 auf dem Bundesparteitag: »Das Reich ist unser Ziel, die NPD ist unser Weg!«[6] Mit Uwe Meenen, Horst Mahler (siehe Abschnitt *Deutsches Kolleg*) und Manfred Roeder waren und sind prominente Vertreter der Reichsideologie in herausgehobenen Positionen mit der Partei verbunden.

### ›Reichsverweser‹ Manfred Roeder

Ab den 1970er-Jahren spielte der spätere Rechtsterrorist und Holocaustleugner *Manfred Roeder* eine wichtige Rolle in der Verbreitung reichsideologischer Aktionsformen. Roeder durchlief während des Nationalsozialismus mehrere Erziehungsanstalten der Parteiorganisationen. Zum Ende des Zweiten Weltkrieges 1945 nahm er als Teil des *Volkssturmes* an den Kämpfen gegen die Sowjetarmee in Berlin teil. Nach Kriegsende studierte er Jura und wurde 1967 in Westberlin als Anwalt zugelassen. Seine christlich-konservativen Positionen sah er zunächst in der CDU vertreten, in die er 1965 ein- jedoch bereits nach fünf Jahren wieder austrat. Im Jahr seines Austritts gründete er die *Bürgerinitiative gegen moralische und politische Anarchie* mit der er Protestaktionen gegen Pornografie veranstaltete. In den Folgejahren widmete er sich der Wiederherstellung der Handlungsfähigkeit des Deutschen Reiches und der Holocaustleugnung (vgl. Bauerschmidt et. al. 1996b).

So verfasste er 1973 das Vorwort für Thies Christophersens Broschüre *Die Auschwitz-Lüge*, die für Holocaustleugnung namensgebend wurde. Am 23. Mai 1975, am 30. Jahrestag der Verhaftung der letzten Reichsregierung durch die Alliierten,

6 Deutsche Stimme (2000), Nr. 4, S. 4, zitiert nach (Virchow 2008, 60).

veranstaltete seine *Freiheitsbewegung Deutsches Reich* (FDR) einen ›Reichstag zu Flensburg‹. Bereits im Vorfeld der Veranstaltung hatte Roeder Kontakt zu dem letzten offiziellen Staatsoberhaupt des nationalsozialistischen Deutschen Reiches, Karl Dönitz, aufgenommen. Mit dem vermeintlichen Segen Dönitz' ließ sich Roeder auf dem ›Reichstag‹ zum ›Sprecher‹ der FDR ernennen, 1978 dann zum ›Reichsverweser‹. Roeder und seine Gruppe folgten zur Legitimation ihrer Handlungen einer Argumentationskette, die später auch außerhalb der organisierten extremen Rechten Anklang finden sollte. Nach ihrer Auffassung bestand das Deutsche Reich des Nationalsozialismus fort, da kein Friedensvertrag, sondern nur ein Waffenstillstand geschlossen wurde. Die Regierung Dönitz sei weiterhin die einzig rechtmäßige, da sie weder zurückgetreten sei, noch sich aufgelöst habe; auch das deutsche Volk habe sie nicht abgesetzt. Schließlich sei die Verhaftung der letzten Reichsregierung Dönitz am 23. Mai 1945 ein verbrecherischer Akt gewesen, durch den das Deutsche Reich lediglich handlungsunfähig geworden sei. Nachdem Dönitz Roeder Anfang 1975 versicherte, sich nicht mehr als Reichspräsident zu betrachten, setzte Roeder schließlich die Prozesse des ›Reichstags‹ in Gang. So schrieb Dönitz an Röder:

> »In der Besprechung bei mir am 22.5. [1975; JR] habe ich Ihnen zugesagt, mich zu Ihrer Auffassung, daß ich heute noch Reichspräsident sei, schriftlich zu äußern. [...] Ich habe [...] nach meiner Entlassung aus dem Spandauer Gefängnis im Jahre 1956, wo ich theoretisch die Möglichkeit dazu gehabt hätte, niemals erklärt, daß ich mich nach wie vor als Staatsoberhaupt des Deutschen Reiches betrachte. Eine solche Erklärung wäre auch unter den inzwischen eingetretenen politischen Verhältnissen nicht nur rechtlich belanglos, sondern auch politisch unklug gewesen.
>
> Denn inzwischen hatte sich die Bundesrepublik Deutschland in der Präambel des Grundgesetzes für das ganze deutsche Volk die Einheit und Freiheit Deutschlands zum obersten politischen Ziel gesetzt. Sie ist damit verfassungsrechtlich zum Träger des Reichsgedankens geworden, auch wenn ihre jeweiligen Regierungen sich nur mit unterschiedlichem Nachdruck für die Verwirklichung dieses Gedankens

einsetzen. […] Ich erkläre Ihnen daher ausdrücklich, daß ich mich nicht als Reichspräsident des deutschen Reiches betrachte.«[7]

Durch seine Tätigkeiten hatte Roeder bis 1978 nicht nur ein vorläufiges Berufsverbot erhalten, sondern war ebenfalls wegen zahlreicher Delikte, wie der Verunglimpfung des Andenkens Verstorbener, zur Zahlung von Geldstrafen verurteilt worden. Als ihm schließlich wegen Verbreitung von Propagandamitteln verfassungswidriger Organisationen und Verunglimpfung des Staates eine sechsmonatige Haftstrafe ohne Bewährung drohte, flüchtete er kurzzeitig aus Deutschland und setzte seine publizistische Arbeit im Untergrund fort. Dort bildete er mit drei weiteren extrem Rechten die rechtsterroristische Vereinigung *Deutschen Aktionsgruppen*, die im Jahr 1980 sieben Bomben-, Sprengstoff- und Brandanschläge auf Asylunterkünfte durchführte, bei denen zwei Menschen ermordet und acht teilweise schwer verletzt wurden. Roeder wurde im gleichen Jahr verhaftet und 1982 zu einer Haftstrafe von 13 Jahren wegen Rädelsführerschaft verurteilt, da ihm eine Tatbeteiligung nicht nachgewiesen werden konnte. Nach seiner vorzeitigen Haftentlassung 1990 engagierte er sich weiter im Bereich des ›Revisionismus‹, der Ansiedelung Deutscher in ›Ostpreußen‹ und der Holocaustleugnung – unter anderem 1995 an der Führungsakademie der Bundeswehr. Kaum aus der Haft entlassen, besuchte Roeder 1990 den revisionistischen Kongress ›Wahrheit macht frei‹, an dem auch der Mitbegründer der SRP, Otto Ernst Remer, teilnahm. Im Jahr 1996 verübte er eine Farbbeutelattacke auf die Ausstellung ›Verbrechen der Wehrmacht 1941 bis 1944‹ in Erfurt, wofür er zu einer Geldstrafe verurteilt wurde. 1997 war er Direktkandidat der NPD in Mecklenburg-Vorpommern zur darauffolgenden Bundestagswahl, trennte sich aber von der Partei im Jahr 2004, da er sie als nicht radikal genug erachtete. 1999 besuchte er eine Veranstaltung von ›Reichstreuen‹ um Horst Mahler. Roeder verbreitete seine antisemitische Propaganda durch Holocaustleugnung und Reichsideologie bis

7 Zitiert nach Roeder, Manfred (1979): *Ein Kampf um‹s Reich. Eine Dokumentation und politische Streitschrift um die Nachfolge des Reiches.* Schwarzenborn/Knüll, S. 41f.

spät in die 2000er Jahre hinein in Publikationen und auf Treffen. Dazu diente ihm auch der im Jahr des ›Reichstags zu Flensburg‹, 1975, gekaufte ›Reichshof‹, ein Hotel in Schwarzenborn, das er als Schulungszentrum und Ort für Sonnwendfeiern und andere extrem rechte Veranstaltungen nutzte (vgl. Bauerschmidt et. al. 1996b, 514; Grumke/Wagner 2002, 302-304; Stöss 1989, 162-164; Wetzel 2010b). Damit ist Manfred Roeder eine wichtige Person, anhand derer der Zusammenhang zwischen Reichsideologie, Holocaustleugnung, der Ideologie einer ›Weltverschwörung gegen die Deutschen‹ und rechtsterroristischen Aktionen deutlich wird.

### Deutsches Kolleg und ›Reichsbürgerbewegung‹

Neben Manfred Roeder und den ehemaligen Parteimitgliedern der SRP hatten die Mitglieder des *Deutschen Kollegs*, Reinhold Oberlercher, Uwe Meenen und Horst Mahler eine herausragende Rolle für die Entwicklung der extrem rechten Reichsideologie in den 1990er- und 2000er-Jahren inne.

Reinhold Oberlercher war, wie sein späterer Kollege Horst Mahler, in den 1960er-Jahren Mitglied des *Sozialistischen Deutschen Studentenbundes* (SDS). Er studierte die Kapitalismuskritik Karl Marx' und promovierte 1975 mit der Schrift *Theorien über die Arbeitskraft in der neueren Geschichte des pädagogischen und philosophischen Denkens*. In den 1980er-Jahren erfolgte schließlich sein Übertritt zur ›Neuen Rechten‹. In der ersten Hälfte des Jahrzehnts beteiligte er sich an Querfrontstrategien nationalrevolutionärer Kreise, also dem Versuch einer Verbindung von rechten und linken Themen gegen den Liberalismus, und veröffentlichte Artikel in deren Zeitschriften. In der zweiten Hälfte der 80er erschienen seine Artikel auch in offen extrem rechten Zeitschriften, wie *Nation & Europa* oder *Criticón*. 1988 war er Teil der *Gruppe 146 Studentische Vereinigung* an der Universität Hamburg. Der Name verwies auf den Artikel 146 des Grundgesetzes (GG), der die Begebenheiten einer Nachfolgeverfassung durch Volksabstimmung regelt: »Dieses Grundgesetz verliert seine Gültigkeit an dem Tage, an dem eine Verfassung in Kraft tritt, die von dem deutschen Volke in freier Entscheidung beschlossen worden ist.« (GG, Art. 146

alte Fassung, 1949-1990) Die daraus abgeleitete Argumentation lautete, dass in einer Volksabstimmung eine neue Verfassung aller Deutschen unter dem Grundsatz des Nationalismus und gegen den Imperialismus von USA und UdSSR durchgesetzt werden sollte. Diese Auslegung der Weltpolitik Ende der 1980er-Jahre sollte als Teil der nationalrevolutionären Querfrontstrategie die Gemeinsamkeiten mit Linken und der Friedensbewegung aufzeigen. Letztlich misslang dieses Vorhaben: An den Veranstaltungen nahmen fast ausschließlich Personen aus dem extrem rechten Milieu teil (vgl. Bündnis keinen Fußbreit den Faschisten 1995). Die Argumentation um den Artikel 146 GG findet sich jedoch weiterhin in aktuellen reichsideologischen Kreisen, etwa bei der Gruppe *Staatenlos.info* um das ehemalige NPD-Mitglied Rüdiger Klasen/Hoffmann.

Öffentliche Äußerungen Oberlerchers zum Deutschen Reich wurden Anfang der 1990er-Jahre in den vom neurechten Reichsideologen Hans-Dietrich Sander herausgegebenen *Staatsbriefen* veröffentlicht. Darin stellte Oberlercher sein *Hundert-Tage-Programm der nationalen Notstandsregierung* vor, in dem er einen ›Machtergriff‹ der nationalen Kreise zur Wiederherstellung des Deutschen Reiches forderte. Das Reich selbst sollte als antisemitisch, völkisch und rassistisch begründetes ›Viertes Reich‹ wiedererstehen. Diesem Ziel verschrieb sich Oberlercher in seinen Aktivitäten im *Deutschen Kolleg* (DK). Neben Oberlercher gehörten auch der NPD-Politiker Uwe Meenen und Horst Mahler zu den führenden Persönlichkeiten des DKs (vgl. Mecklenburg 1996, 252f., 503, 516f.; Heller/Maegerle 2001, 167–179; Grumke/Wagner 2002, 278-280, 291-294, 373-375). Das 1994 aus einem Lesekreis der ›neurechten‹ Wochenzeitung *Junge Freiheit* gegründete DK verstand sich als ›Schwert und Schild des Deutschen Geistes‹ und als Kaderschmiede bzw. ›Denkorgan des Deutschen Reiches‹. Nach eigenem Bekunden »leistet [das DK; JR] durch Theorien, Schulungen, Programme, Erklärungen und Wortergreifungen seinen Beitrag zur Wiederherstellung der vollen Handlungsfähigkeit des Deutschen Volkes als Deutsches

Reich.«[8] Das Deutsche Kolleg vertrat dank des Einflusses der SDS-geschulten Protagonisten Oberlercher und Mahler ›nationalmarxistische‹ Thesen. Dem Kapitalismus wurde das ›Vierte Reich‹ als rettende Bastion entgegengestellt, womit das DK traditionelle Überlegungen zu einem ›Deutschen Sozialismus‹ aufgreift.

Für die aktuellen Phänomene ist weiterhin das Symbol des DK, die *Wirmer-Flagge*, von Bedeutung. Sie bildet ein schwarzes Kreuz mit goldenem Rahmen auf rotem Grund ab. Für das DK stellt sie den im noch handlungsfähigen Reich entstandenen Entwurf einer Flagge eines ›Vierten Reiches‹ dar, der zwar von dem konservativen ›Hochverräter‹ um den Attentatsversuch des 20. Juli 1944 Josef Wirmer entworfen wurde, sich jedoch für die eigenen Ziele durchaus eignet. Die Abkehr von der Trikolore der Weimarer Republik ist dabei als antidemokratisches Statement zu werten, was beim DK auch offen vertreten wird.[9] Die Wirmer-Flagge ist seit dem Jahr 2014 ebenfalls im Umfeld deutscher rechtspopulistischer Bewegungen, wie etwa HoGeSa oder Pegida, deutlicher wahrzunehmen als in den Jahren zuvor.

Am Jahrestag von Hitlers ›Marschs auf die Feldherrenhalle‹, dem 9. November 1999, veranstalteten Reinhold Oberlercher und Horst Mahler eine ›Reichsproklamation‹ in Leipzig.

Besondere Aufmerksamkeit erregte das DK im Nachgang eines Brandanschlags auf die Düsseldorfer Synagoge im Jahr 2000. Als Reaktion rief der damalige Bundeskanzler Gerhard Schröder zu einem ›Aufstand der Anständigen‹ auf, der schließlich unter der rot-grünen Bundesregierung zur Etablierung mehrerer Bundesprogramme gegen ›Rechtsextremismus‹, Rassismus und Antisemitismus führte. Dem ›Aufstand‹ setzten Reinhold Oberlercher, Uwe Meenen und Horst Mahler mittels des DK eine eigene *Ausrufung des Aufstandes der Anständigen* am 15. Oktober 2000 entgegen. Darin propagieren sie ganz offen, auch unter Rückgriff auf die

---

8 Alle Zitate Deutsches Kolleg (2009a): *Über das DK*. Zugriff: 09.03.2017. http://www.reich4.de/about/.

9 Vgl. Deutsches Kolleg (2009b): *Die Fahne*. Zugriff: 09.03.2017. http://www.reich4.de/die-fahne/.

Protokolle der Weisen von Zion, den antisemitischen Mythos der ›jüdischen Weltverschwörung‹ gegen die Deutschen:

> »Wir haben mit großen Anstrengungen in Erfahrung gebracht, daß die beiden Weltkriege gegen das Deutsche Reich unter maßgeblicher Beteiligung jüdischer Bankiers und jüdischer Medien organisiert wurden in der Absicht, das Deutsche Reich für immer zu zerstören, weil es Anfang des Jahrhunderts durch friedlichen Handel das von jüdischen Bankiers beherrschte Britische Empire herausgefordert hatte und ungeachtet der militärischen Niederlage im I. Weltkrieg dem erwachten Weltmachtstreben der US-Ostküste im Wege stand.«[10]

Horst Mahler verließ nach Meinungsverschiedenheiten im Jahr 2003 das *Deutsche Kolleg*, er stand jedoch mit Oberlercher und Meenen in dieser Sache 2004 in Berlin vor Gericht. Dort inszenierten sie sich als ›Reichsbürger‹ und Mahler drohte dem Gericht. Schließlich wurde Mahler zu neun Monaten Haft verurteilt.

Horst Mahler nahm im Anschluss die prominenteste Rolle innerhalb des ›Reichsbürger‹-Milieus ein. Der Prozess hatte ihm eine ausreichende Bühne geboten, die er im Sinne der Strategie der Wortergreifung nutzte, indem er durch Holocaustleugnung Aufmerksamkeit für das Thema der ›jüdischen Weltverschwörung‹ gegen die Deutschen in der Öffentlichkeit zu erzeugen versuchte.

Wie auch Reinhold Oberlercher kam Mahler aus der politischen Linken. Im Laufe der 1960er-Jahre radikalisierte er sich und wurde schließlich Gründungsmitglied der *Roten Armee Fraktion* (RAF). Die Gruppe war im Sommer 1970 in einem Ausbildungslager der palästinensischen Fatah. Nach der Rückkehr in die Bundesrepublik im gleichen Jahr wurde Mahler von der Polizei gefasst und zu einer 14-jährigen Haftstrafe verurteilt. Im Gefängnis beschäftigte er sich ausgiebig mit dem Idealismus Georg Wilhelm Friedrich Hegels; Mahlers Verständnis Hegels Philosophie sollte schließlich sein Weltbild bestimmen. Der

---

10 Deutsches Kolleg (2000): *Ausrufung des Aufstandes der Anständigen*. Zugriff: 09.03.2017. https://web.archive.org/web/20020205065231/http://www.deutsches-kolleg.org/deutscheskolleg/Aufstand.html.

später von Horst Mahler offen geäußerte Antisemitismus war bei ihm auch schon in seiner RAF-Zeit vorhanden. Als während der Olympischen Spiele 1972 Mitglieder des Israelischen Teams von palästinensischen Terroristen ermordet wurden, rechtfertigte er diese Morde, indem er die zionistische Politik Israels mit dem Nationalsozialismus verglich. Auf diese Weise hatte er den Holocaust zwar nicht geleugnet, jedoch bereits mit diesem Vergleich relativiert. Seit 1974 war Mahler nicht mehr Mitglied der RAF und wurde sechs Jahre später aus der Haft entlassen. Seit dieser Zeit setzte er sich auch mit dem Werk des konservativen Sozialphilosophen Günter Rohrmoser auseinander, der als Gegner der Kritischen Theorie galt und auch in der neurechten Zeitschrift *Criticón* veröffentlichte. Erst Ende der 1990er-Jahre wurde sein Wechsel in die extreme Rechte offenkundig. Er veröffentlichte Beiträge in der *Jungen Freiheit*, den *Staatsbriefen* und versuchte durch ›Montagsdemonstrationen‹ eine extrem rechte Massenbewegung zu organisieren. Zusätzlich engagierte er sich gegen den Bau des Holocaustmahnmals in Berlin. Am 1. Dezember 1997 hielt Mahler eine Laudation zum 70. Geburtstag Rohrmosers. Darin behauptete er, dass Deutschland ein besetztes Land sei, in dem eine »totalitäre Herrschaft bestimmter Ideen«[11] vonstattengehen würde. Welcher Art die vermeintlich unterdrückten Ideen seien, verdeutlichte er dann im Deutschen Kolleg. Im Jahr 2000 trat er in die NPD ein und wurde deren Hauptvertreter im ersten Parteiverbotsverfahren; die Partei verließ er jedoch bereits drei Jahre später wieder (vgl. Botsch/Kopke/Treß 2010).

Am 65. Jahrestag der Novemberpogrome, dem 9. November 2003, gründete Mahler mit anderen Holocaustleugner*innen den 2008 als verfassungsfeindliche Organisation verbotenen *Verein zur Rehabilitierung der wegen Bestreitens des Holocaust Verfolgten* (VRBHV). Weitere Mitglieder aus dem reichsideologischen Umfeld waren etwa die Witwe des SRP-Mitbegründers Otto Ernst Remer, Anneliese Remer, Manfred Roeder sowie der Herausgeber

11 Mahler, Horst (1997): *Ist das Ende der Defundamentalisierung der Kultur in Sicht? Gedanken zum 70. Geburtstag von Günter Rohrmoser.* Zugriff: 10.03.2017. https://web.archive.org/web/20071219202123/http://www.deutsches-kolleg.org/hm/forum/rede3.html.

der *Staatsbriefe*, Hans-Dietrich Sander. Holocaustleugnung schien Mahler die geeignete politische Strategie zum Erreichen seiner Ziele zu sein: »Die Jüdische Fremdherrschaft stürzt mit der Entlarvung der Auschwitzlüge«[12].

Zur weiteren Betätigung für das Deutsche Reich gründete er im Jahr 2004 eine Vereinigung mit dem Titel *Reichsbürgerbewegung*, die für die Namensgebung des aktuellen Phänomens auschlaggebend zu sein scheint. Im Rahmen der Reichsbürgerbewegung führte er Schulungsveranstaltungen in Zusammenarbeit mit dem Deutschen Kolleg durch. In dieser Zeit prägte er wahrscheinlich die Chiffre ›OMF-BRD‹. Damit bezog sich Mahler auf eine Rede des SPD-Politikers Carlo Schmitt 1948 im Parlamentarischen Rat, der die Besatzungszeit von 1945-1948 als ›Organisationsform einer Modalität der Fremdherrschaft‹ bezeichnet hatte (vgl. Fischer 2015, 348f.). Die Chiffre wird nach wie vor im reichsideologischen Milieu genutzt. Infolge seiner Holocaustleugnungen stand Mahler immer wieder vor Gericht und verbüßte mehrere Haftstrafen, während der er weitere antisemitische Schriften zum Thema Deutsches Reich, Holocaustleugnung und ›jüdischer Weltverschwörung‹ produzierte.

Vor Gericht wurden Horst Mahler und andere Holocaustleugner von seiner Kollegin und reichsideologischen Gefährtin Sylvia Stolz vertreten, der 2009 ihre Zulassung als Rechtsanwältin wegen Holocaustleugnung für acht Jahre entzogen wurde. Stolz teilt Mahlers Ideologie und wirkt auch über die klassischen extrem rechten Kreise hinaus. Im Jahr 2012 leugnete sie auf der verschwörungsideologischen Kreisen zuzuordnenden *Anti-Zensur-Konferenz* den Holocaust, wofür sie im Jahr 2015 zu einer Gefängnisstrafe verurteilt wurde.

Mit Ernst Zündel verteidigte Sylvia Stolz eine weitere Person aus dem extrem rechten Milieu. Er veröffentliche Thies Christophersens ›Auschwitz-Lüge‹ in englischer Sprache und arbeitete später eng mit diesem zusammen. 1977 schrieb er unter dem Pseudonym Christof Friedrich in seinem Verlag *Semisdat* ebenfalls

12 Mahler, Horst (2004): *Das Ende der moralischen Geschichtsbetrachtung führt zur Antwort auf die* Judenfrage, S. 5.

zu den Themen Nazi-Ufos, Neuschwabenland und der Hohlerde. Damit war er nicht der erste, der esoterische und futurologische Themen mit dem ›Dritten Reich‹ vermengte – die Tradition antisemitischer Esoterik reicht bis in das 19 Jahrhundert zurück. Die in Zündels Verlag veröffentlichten Schriften beeinflussten die Arbeiten des esoterischen Antisemiten und Bestsellerautors Jan Udo Holey, der in den 1990er-Jahren mit seinen beiden Bänden *Geheimgesellschaften und ihre Macht im 20. Jahrhundert oder wie man die Welt nicht regiert* großen Einfluss auf das deutschsprachige verschwörungsideologische und esoterische Milieu ausübte (vgl. Mentel 2010; Meining 2003).

★★★

Es zeigt sich also, dass in der bundesdeutschen organisierten extremen Rechten, besonders im Kreis der sogenannten Revisionist*innen und Holocausteugner*innen, eine enge Verbindung zwischen Reichsideologie und dem antisemitischen Mythos der ›jüdischen Weltverschwörung‹ besteht. Dabei ist auch offensichtlich, dass neben der Agitation gegen die vermeintlich herrschenden ›Juden‹ auch stets eine rassistische Komponente gegen die ›Ausländer‹ vorhanden gewesen ist. Der ideologische und historische Hintergrund der ›Reichsbürger‹ überschneidet sich damit mit der organisierten extremen Rechten. In der öffentlichen Wahrnehmung sind unter dem Schlagwort ›Reichsbürger‹ jedoch weniger die extrem rechten, offen antisemitischen, rassistischen und holocaustleugnenden Inhalte präsent. Vielmehr wird eher das eine Umwegkommunikation nutzende Submilieu der Ebelschen KRR assoziiert.

## Fazit

Das Milieu der ›Reichsbürger‹, ›Selbstverwalter‹ und ›Souveränisten‹ wurde in der Vergangenheit, abgesehen vom Bereich der klassisch organisierten extremen Rechten, unterschätzt. Seine Zugehörigen galten lange als ›Spinner‹ und ›Querulanten‹, die sich gegen den Staat auflehnen. Die Fokussierung auf die Staatsleugnung verstellt jedoch den Blick auf den verschwörungsideologischen Zusammenhang der Gruppierungen. Der Staat wird deswegen abgelehnt, weil er als Teil der direkt oder über Umwege als ›jüdisch‹ identifizierten Weltverschwörung wahrgenommen wird. Letztere bietet ihren Anhängenden in der verschwörungszentrierten Ausdrucksideologie eine regressive Krisenbewältigungsstrategie, welche ihnen eine widerspruchsfreie Identität (Volksgemeinschaft) und zu eliminierende Feinde präsentiert.

Diese Vorstellungen greifen auf historisch gewachsene antisemitische Strukturen zurück, die besonders in der deutschen Gesellschaft identitätsstiftend gewirkt haben. Aufbauend auf judenfeindlichen Stereotypen des christlichen Antijudaismus formten im 19. Jahrhundert Antisemiten das Bild des Deutschen und des Jüdischen nach rassistischem Muster. In den völkischen Bewegungen blieben diese Selbst- und Feindbilder, inklusive des Mythos' der ›jüdischen Weltverschwörung‹, auch im 20. Jahrhundert erhalten. Der Mythos fand nach dem verlorenen Ersten Weltkrieg in den Protokollen der Weisen von Zion ein Vehikel. Gleichzeitig wurden in der demokratischen Weimarer Republik mythische Ideen eines antidemokratischen Reichs verbreitet, das den bedrohten Deutschen in der Volksgemeinschaft einen Schutzraum bieten sollte. Reichsidee und Protokolle bildeten zwei ideologische Grundlagen für das nationalsozialistische ›Dritte Reich‹. Nach dem Sieg der Alliierten über die Deutschen und dem damit verbundenen Ende des deutschen Massenmords an den europäischen Juden war offener Antisemitismus in Deutschland tabuisiert. In der Folge rückten Reichsidee und Volksgemeinschaft in der Nachkriegszeit in den Vordergrund. Dabei wurde jedoch der Mythos der ›jüdischen Weltverschwörung‹ nicht verbannt, er wurde in Form der Umwegkommunikation als ›Weltverschwörung gegen die Deutschen‹ indirekt geäußert. Die Entwicklungen von der Gründung von Reichsparteien über die Aktivitäten von Vertriebenen bis zur offenen Holocaustleugnung in der Bundesrepublik Deutschland zeigen, dass ein Teil der klassisch organisierten extremen Rechten dieser Form der Umwegkommunikation erneut den entschlüsselten Inhalt offen zur Seite stellte. Andere Gruppierungen nutzten dagegen die Ideologie der ›Weltverschwörung gegen die Deutschen‹ und andere antisemitische Codes und Chiffren der Umwegkommunikation.

In der Auseinandersetzung mit den ideologischen Grundlagen des Milieus ist der Antisemitismus von entscheidender Bedeutung. Auch wenn sich nur der klassisch organisierte extrem rechte Teil des Milieus offen antisemitisch äußert, bildet Antisemitismus für das ganze Milieu die Grundlage. Vordergründig werden derzeit die Feind*innen in rassistisch/kulturalistischer Weise benannt: Die vermeintlich drohende ›Islamisierung‹ bei Pegida und Ablegern, der angeblich stattfindende ›Große Austausch‹ bei der Identitären Bewegung, das Gerede über die ›Umvolkung‹ und die allgemeinen Rufe nach Grenzschließung und Abschiebung der Fremden. Die Trennung von Fremdem und Eigenem wird hier auf einer horizontalen Ebene markiert. Diesen Prozessen werden jedoch auch Verantwortliche zugeschrieben: Jemand führt den ›großen Austausch‹ durch und setzt die ›Migrationswaffe‹ gegen das deutsche Volk ein. Dieser vertikalen Trennung in Manipulierte und Manipulator*innen stellt die Sammlung der antisemitischen Stereotype, die in der ›jüdischen Weltverschwörung‹ miteinander verknüpft sind, Feindbeschreibungen zur Verfügung. Die einzelnen Stereotype – ›Volksverräter‹, ›Lügenpresse‹, ›NWO‹ etc. – müssen als antisemitische Codes verstanden werden, die innerhalb wie außerhalb des Milieus decodiert werden. ›Fürstregent‹ und ›Reichskanzler‹ Norbert Rudolf Schittke bringt diesen Umstand in seiner Neujahrsansprache zum Jahr 2017 auf den Punkt: »Der Milliardär George Soros, der die Zuwanderer wahrscheinlich anwerben läßt [sic] und sie finanziert, gehört ebenfalls dieser Religionsgemeinschaft an. Einem normalen Menschen muß [sic] ich doch nicht erklären, was hier dahintersteckt.«[13] Schittke weiß also den ›heimlichen Souverän‹ als Juden zu identifizieren, von dem die AfD in ihrem Wahlprogramm zur Bundestagswahl 2017 raunt. Die ›Wissenden‹ fühlen sich bestätigt und die Partei kann diesen Bezug glaubhaft abstreiten. Auf diese Weise ist Platz für das ambivalente Verhältnis der AfD zum Antisemitismus (vgl. Riebe 2016).

Der verschwörungsideologische Antisemitismus bietet in der Erzählung der ›Weltverschwörung gegen die Deutschen‹ eine Identität und eine geschlossene Welterklärung, die eine Erlösung von den negativen Seiten von Modernisierungsprozessen versprechen. Allein die Beispiele aus der zweiten Jahreshälfte des Jahres 2016 haben verdeutlicht, dass die verschwörungsideologische Identitätskonstruktion und Weltsicht ›Reichsbürger‹ und ›Selbstverwalter‹ auch zur Waffengewalt motiviert. Sie fühlen sich zum einen durch die Hetzkampagnen innerhalb des Milieus bestärkt, terroristische Aktionen durchzuführen. Zum anderen zwingt sie ihr Anspruch auf Souveränität zur gewaffneten Verteidigung ihres Herrschaftsgebietes. Diese Entwicklungen waren absehbar, wurden jedoch zu lange ignoriert.

Neben den sozialpsychologischen Ursachen für die Ausprägung einer Verschwörungsmentalität sind es auch gesellschaftliche, die den Wahn des bedrohten Deutschen produzieren. Dem ist mit Logik oder dem besseren Argument nicht beizukommen, da hier hochgradig irrationale Prozesse im Gange sind.

Für den Rest der Gesellschaft bedeutet dies, dass neben dem geäußerten Rassismus auch der verschwörungsideologisch motivierte Antisemitismus, in Form des Wahns des bedrohten Deutschen, entschieden bekämpft werden muss.

---

13 Schittke, Norbert (2017): *Neujahrsansprache 2017.* Zugriff: 11.03.17. http://friedensvertrag.info/index.php/aktuelles/222-neujahrsansprache2017.

# Weiterführende Literatur und Webseiten

## Weiterführende Literatur


Adorno, Theodor W. (1972): *Beitrag zur Ideologienlehre.* In: Ders.: *Gesammelte Schriften 8*, Frankfurt am Main, S. 457–477.

Adorno, Theodor W. (1995): *Studien zum autoritären Charakter.* Frankfurt a. M.

Bauerschmidt, Michael / Brandt, Susanne / Jentsch, Ulli / Ohrowski, Kurt (1996a): *Deutsch-Russisches Gemeinschaftswerk – Förderverein Nord-Ostpreußen.* In: Mecklenburg, Jens (Hg.): *Handbuch deutscher Rechtsextremismus.* Berlin, 350f.

Bauerschmidt, Michael / Brandt, Susanne / Jentsch, Ulli / Ohrowski, Kurt (1996b): *Roeder, Manfred.* In: Mecklenburg, Jens (Hg.): *Handbuch deutscher Rechtsextremismus.* Berlin, 514f.

Barth, Claudia (2003): *Über alles in der Welt – Esoterik und Leitkultur. Eine Einführung in die Kritik irrationaler Welterklärungen.* Aschaffenburg.

Begrich, David (2015): *Reichsidee und Reichsideologie der extremen Rechten.* In: Ministerium für Inneres und Sport des Landes Sachsen-Anhalt (Hg.): *Reichsbürger. Sonderlinge oder Teil der rechtsextremen Bewegung,* Magdeburg, S. 9-12.

Benz, Wolfgang (2011): *Die Protokolle der Weisen von Zion: Die Legende von der jüdischen Weltverschwörung.* München.

Botsch, Gideon / Kopke, Christoph / Treß, Werner (2010): *Mahler, Horst.* In: Benz, Wolfgang (Hg.): *Handbuch des Antisemitismus,* Band 2.2, Berlin, S. 509f.

Botsch, Gideon (2012): *Sozialistische Reichspartei,* in: Benz, Wolfgang (Hrsg.): *Handbuch des Antisemitismus,* Band 5, Berlin, S. 574-577.

Bündnis keinen Fußbreit den Faschisten (Hg.) (1995): *Gruppe 146. neurechte Kaderschmiede an der Uni.* Zugriff: 09.03.2017. https://nadir.org/nadir/archiv/Antifaschismus/Organisationen/Hochschulgruppen/AI146.html.

Feist, Mario (2010): *Das ›Fürstentum Germania‹ – ›Nicht rechts, nicht links, sondern vorne‹?* In: Wilking, Dirk / Kohlstruck, Michael (Hg.): *Einblicke III. Ein Werkstattbuch,* Potsdam, S. 109-124.

Gerbank, Thorsten (2016): *Was Adrian Ursache und ein Polizistenmörder miteinander zu tun hatten*. Zugriff: 03.09.2017. http://www.mz-web.de/25210888.

Grumke, Thomas / Wagner, Bernd (2002): *Handbuch Rechtsradikalismus: Personen – Organisationen – Netzwerke vom Neonazismus bis in die Mitte der Gesellschaft*. Wiesbaden.

Heil, Johannes (2006): *›Gottesfeinde‹ – ›Menschenfeinde‹. Die Vorstellung von jüdischer Weltverschwörung (13. bis 16. Jahrhundert)*. Berlin.

Hellbrück, David (2017): *Konsequente Souveränisten. Reichsbürger als militante Querulaten*. In: sans phrase. Zeitschrift für Ideologiekritik, Heft 10, Freiburg, S. 53–61.

Heller, Friedrich P./Maegerle, Anton (2001): *Die Sprache des Hasses: Rechtsextremismus und völkische Esoterik – Jan van Helsing, Horst Mahler*. Stuttgart.

Imhoff, Roland / Decker, Oliver (2013): *Verschwörungsmentalität als Weltbild*. In: Decker, Oliver / Kiess, Johannes / Brähler, Elmar / Deppe, Janine (Hg.): *Rechtsextremismus der Mitte. Eine sozialpsychologische Gegenwartsdiagnose*. Gießen, S. 146–161.

Jüdisches Forum für Demokratie und gegen Antisemitismus e.V. (2016): *Anti-Bilderberg-Protest: Eine antisemitische und rassistische Querfront gegen die ›Elite‹*, Zugriff: 09.03.2017. https://jfda.de/blog/2016/06/15/anti-bilderberg-protest-eine-antisemitische-und-rassistische-querfront-gegen-die-elite/.

Keil, Jan-Gerrit (2015): *Zwischen Wahn und Rollenspiel. Das Phänomen der ›Reichsbürger‹ aus psychologischer Sicht*. In: Dirk Wilking (Hg.): *›Reichsbürger‹. Ein Handbuch*, Potsdam, S. 39–90.

Könau, Steffen (2012): *47-Jähriger gründet sein eigenes Reich*. Zugriff: 09.03.2017. http://www.mz-web.de/mitteldeutschland/gesellschaft-47-jaehriger-gruendet-sein-eigenes-koenigreich-5260860.

Lenk, Kurt (1971): *Volk und Staat. Strukturwandel politischer Ideologien im 19. und 20. Jahrhundert*. Stuttgart.

Lenk, Kurt (1994): *Rechts, wo die Mitte ist. Studien zur Ideologie: Rechtsextremismus, Nationalsozialismus, Konservatismus*. Baden-Baden.

Löwenthal, Leo (1990): *Falsche Propheten: Studien zum Autoritarismus*. Frankfurt am Main.

Marx, Karl / Engels, Friedrich (1990): *MEW*, Band 3, Berlin.

Marx, Karl / Engels, Friedrich (1983): *MEW*, Band 42, Berlin.

Mecklenburg, Jens (Hg.) (1996): *Handbuch deutscher Rechtsextremismus.* Berlin.

Meining, Stefan (2003): *Rechte Esoterik in Deutschland: Ideenkonstrukte, Schnittstellen und Gefahrenpotentiale.* In: Thüringer Landesamt für Verfassungsschutz (Hg.): *Politischer Extremismus als Bedrohung der Freiheit: Rechtsextremismus und Islamismus in Deutschland und Thüringen*, Erfurt, S. 45–83.

Mentel, Christian (2010): *Zündel, Ernst [Pseudonym Christof Friedrich].* In: Benz, Wolfgang (Hg.): *Handbuch des Antisemitismus*, Band 2.2, Berlin, S. 906f.

O. A. (1971): *Auftrag vom Chef.* In: Der SPIEGEL, (11/1971), S. 95–97.

redok (2003): *Neonazis feiern Wintersonnwend auf Roeders ›Reichshof‹.* Zugriff: 09.03.2017. https://web.archive.org/web/20070927213108/http://www.redok.de/content/view/228/36/.

Rensmann, Lars (2005): *Demokratie und Judenbild. Antisemitismus in der politischen Kultur der Bundesrepublik Deutschland.* Wiesbaden.

Riebe, Jan (2016): *Wie antisemitisch ist die AfD?.* Zugriff 09.03.2017, http://www.belltower.news/artikel/wie-antisemitisch-ist-die-afd-11021.

Rogalla von Bieberstein, Johannes (1992): *Die These von der Verschwörung 1776-1945: Philosophen, Freimaurer, Juden, Liberale und Sozialisten als Verschwörer gegen die Sozialordnung.* Flensburg.

Salzborn, Samuel (2001): *Heimatrecht und Volkstumskampf. Außenpolitische Konzepte der Vertriebenenverbände und ihre praktische Umsetzung.* Hannover.

Salzborn, Samuel (2015): *Rechtsextremismus: Erscheinungsformen und Erklärungsansätze.* Bonn.

Salzborn, Samuel (2016): *Demokratieferne Rebellionen.* In: Frindte, Wolfgang / Geschke, Daniel / Haußecker, Nicole / Schmidtke, Franziska (Hg.): *Rechtsextremismus und ›Nationalsozialistischer Untergrund‹. Interdisziplinäre Debatten, Befunde und Bilanzen.* Wiesbaden, S. 359–366.

Schröder, Helmut / Jelpke, Ulla (1996): *Gemeinschaft Ost- und Sudetendeutscher Grundeigentümer und Geschädigter (GOG)/Notverwaltung des Deutschen Ostens (NDO).* In: Mecklenburg, Jens (Hg.): *Handbuch deutscher Rechtsextremismus.* Berlin, 353f.

Schumacher, Gerhard (2016): *Vorwärts in die Vergangenheit. Durchblicke durch einige ›reichsideologische‹ Nebelwände*, Hannover.

Schwarz-Friesel, Monika / Reinharz, Jehuda (2013): *Die Sprache der Judenfeindschaft im 21. Jahrhundert*. Berlin.

Stöss, Richard (1989). *Die extreme Rechte in der Bundesrepublik: Entwicklung – Ursachen – Gegenmaßnahmen*. Wiesbaden.

Stöss, Richard (2010): *Rechtsextremismus im Wandel*, Berlin.

Stahl, Trystan / Homburg, Heiko (2015): *›Souveräne Bürger‹ in den USA und deutsche ›Reichsbürger‹ – ein Vergleich hinsichtlich Ideologie und Gefahrenpotential*. In: Dirk Wilking (Hg.): *›Reichsbürger‹. Ein Handbuch*. Potsdam, S. 203-224.

Thoma, Sebastian (2012): *Deutsche Reichspartei*, in: Benz, Wolfgang (Hg.): *Handbuch des Antisemitismus*, Band 5, Berlin, S. 160-163.

Wetzel, Juliane (2010a): *Remer, Otto Ernst*. In: Benz, Wolfgang (Hg.): *Handbuch des Antisemitismus*, Band 2.2, Berlin, S. 679f.

Wetzel, Juliane (2010b): *Roeder, Manfred*. In: Benz, Wolfgang (Hg.): *Handbuch des Antisemitismus*, Band 2.2, Berlin, S. 689-691.

Virchow, Fabian (2008): *Will die NPD ein ›Viertes Reich‹?* In: Virchow, Fabian / Dornbusch, Christian / Andreasch, Robert (Hg.): *88 Fragen und Antworten zur NPD. Weltanschauung, Strategie und Auftreten einer Rechtspartei – und was Demokraten dagegen tun können*. Schwalbach, S. 59-61.

Wilking, Dirk (Hg.) (2015): *›Reichsbürger‹. Ein Handbuch*, Potsdam.

## Webseiten

Das Internet stellt eine Vielzahl von Informationen bereit, unter denen sich auch zahlreiche Unwahrheiten befinden. Deshalb sollte auch bei den nachfolgenden Empfehlungen eine quellenkritische Perspektive gewahrt bleiben.

KRR-FAQ

Über Jahre hinweg von Frank Schmidt zusammengetragene Informationen zu ›Reichsbürgern‹, ›Selbstverwaltern‹ und anderen.
http://www.krr-faq.net/

Sonnenstaatland Wiki – Vorwärts in die Vergangenheit

Das Sonnenstaatland ist eine Parodie auf das Milieu der ›Reichsbürger‹ und ›Selbstverwalter‹. Das Wiki der Seite bündelt viele aktuelle Informationen. Herzstück der Seite ist jedoch das knapp 400 Seiten starke Werk ›Gerhard Schumachers‹ *Vorwärts in die Vergangenheit. Durchblicke durch einige ›reichsideologische‹ Nebelwände.*

www.sonnenstaatland.com/

http://buch.sonnenstaatland.com/

Wikipedia

Der Artikel zur *Reichsbürgerbewegung* ist sehr umfangreich und bietet Verlinkungen zu den Gruppierungen und Einzelpersonen des Milieus.

https://de.wikipedia.org/wiki/Reichsb%C3%BCrgerbewegung

*Tunay Önder, Christine Umpfenbach, Azar Mortazavi (Hg.)*

**URTEILE**

Ein dokumentarisches Theaterstück über die Opfer des NSU. Mit Texten über alltäglichen und strukturellen Rassismus

248 Seiten | 16 €
ISBN 978-3-89771-217-1

**Beiträge zur zivilgesellschaftlichen Aufarbeitung der NSU-Morde**

Den NSU-Morden folgten eine rassistische mediale Auseinandersetzung und einseitige, diskriminierende Ermittlungsarbeiten. Das Theaterstück ›Urteile‹ von Christine Umpfenbach und Azar Mortazavi, das die Süddeutsche Zeitung als »beeindruckend dichtes Kammerspiel« lobt, setzt diesem Rassismus die Perspektive der Hinterbliebenen entgegen.

»... eine beklemmende Anklage ohne Protestparolen und gereckte Fäuste...«

*Petra Hallmayer | nachtkritik.de*

*Tupoka Ogette*

**exit RACISM**

rassismuskritisch denken lernen

2. Auflage
136 Seiten | 12.80 €
ISBN 978-3-89771-230-0

**Interaktives Handbuch der bekannten Anti-Rassismus-Trainerin**

Das Buch begleitet die Leser*innen bei ihrer mitunter ersten Auseinandersetzung mit Rassismus und tut dies ohne erhobenen Zeigefinger. Vielmehr werden die Leser*innen auf eine rassismuskritische Reise mitgenommen, in deren Verlauf sie nicht nur konkretes Wissen über die Geschichte des Rassismus und dessen Wirkungsweisen erhalten, sondern auch Unterstützung in der emotionalen Auseinandersetzung mit dem Thema.

Übungen und Lesetipps eröffnen an vielen Stellen die Möglichkeit, sich eingehender mit einem bestimmten Themenbereich zu befassen.

*Nkechi Madubuko*

**Empowerment als Erziehungsaufgabe**

Praktisches Wissen für den Umgang mit Rassismuserfahrungen

152 Seiten | 12.80 €
ISBN 978-3-89771-597-4

**Praxisratgeber für Eltern von Kindern mit Migrationsgeschichte**

Kinder aus binationalen /nichtchristlichen Familien sind in Alltag, Schule und Kita immer wieder Stereotypen, Rassismus und Diskriminierungen ausgesetzt. Das Selbstwertgefühl eines Kindes wird durch solche Ablehnungs- und Ausgrenzungserfahrungen geschwächt. Umso wichtiger ist die emotionale Begleitung und Vorbereitung im Elternhaus. Sie kann entscheidend dazu beitragen, dass ein Kind sich nicht als Opfer, sondern geliebt, wehrhaft und gleichberechtigt fühlt.

*Anne Chebu*

**Anleitung zum Schwarz sein**

3. Auflage
116 Seiten | 9.80 €
ISBN 978-3-89771-527-1

**Einführung in die deutsche Schwarze Community**

Irgendwann kommt der Punkt, an dem man über seine Hautfarbe nachdenkt. Deshalb ist dieses Buch nicht nur eine Einführung in die deutsche Schwarze Community und deren Geschichte, sondern auch eine praktische Anleitung für junge Schwarze Deutsche, sich ihrer nichtweißen Hautfarbe politisch bewusst zu werden und sich damit auseinanderzusetzten.

»Wehrhaft – Wege aus der Rassismusfalle.«

*Bayerischer Rundfunk*

**UNRAST Verlag • Postfach 8020 • 48043 Münster**
**www.unrast-verlag.de • E-Mail: info@unrast-verlag.de**

UNRAST